FRANCKE

Lotte Bormuth

Dichter, Denker, Christ

Das Leben des Fjodor Dostojewski

Verlag der Francke-Buchhandlung GmbH

Die Deutsche Bibliothek - CIP-Einheitsaufnahme

Bormuth, Lotte
Dichter, Denker, Christ : das Leben des Fjodor Dostojewski /
Lotte Bormuth. - Marburg an der Lahn : Francke, 2000
ISBN 3-86122-455-0

Alle Rechte vorbehalten
© 2000 by Verlag der Francke-Buchhandlung GmbH
35037 Marburg an der Lahn
Umschlaggestaltung: Reproservice Jung, Wetzlar
Foto: Privat
Satz: Verlag der Francke-Buchhandlung GmbH
Druck: Schönbach-Druck GmbH, Erzhausen

Taschenbuch

Inhaltsverzeichnis

Vorwort 7
Meine erste Begegnung mit Dostojewski 10
Aus Dostojewskis Leben 13
Aus Dostojewskis Werken 59
Aus Dostojewskis Erzählungen 200

Widmung

Ich widme dieses Buch meinem lieben Mann zu seinem siebzigsten Geburtstag. Mit ihm bin ich in herzlicher Liebe über 42 Jahre verheiratet. Uns verbindet in unserer glücklichen Ehe auch die Liebe zur russischen Literatur.

Ebenso widme ich es als Andenken meinem Vater, der mich schon als Kind mit der russischen Literatur vertraut gemacht hat, und meiner lieben Mutter, die mich bei meinen ersten Schritten in Bessarabien auf russischer Erde geleitet hat.

Vorwort

Dostojewskis Werke zu lesen, erfordert viel Zeit und die Kraft unseres Denkens. Vor allen Dingen sind seine Romane sehr umfangreich. So sind wir als Leser in unserer schnelllebigen Zeit herausgefordert, Muße und viele stille Stunden aufzubringen, wenn wir die Bücher des großen russischen Schriftstellers zur Hand nehmen.

Aber kann es für uns nicht von Vorteil sein, wenn wir zum Mitdenken ermutigt werden? So möchte ich mit meinem Buch Lust an Dostojewski wecken. Es lohnt sich, diesen tiefgründigen Dichter auf sich wirken zu lassen. Ich habe immer wieder Menschen nach Dostojewski gefragt. Sein Name ist weit bekannt, aber seine Werke sind nur wenigen vertraut.

Die Begeisterung für diesen Großen der russischen Literatur vollzog sich in unserm Land in Wellenbewegungen. Ihre Höhepunkte hatte sie nach dem Ersten und Zweiten Weltkrieg, als die Not in Deutschland nicht mehr zu beschreiben war.

Aber gerade heute in unserer Wohlstandsgesellschaft, wo unser soziales Gefüge ins Wanken gerät und wir einen Werteverlust sondergleichen erleben, sind wir gut beraten, zu Dostojewski zu greifen. Das, was er in einer bestimmten Epoche und auf dem Hintergrund bestimmter sozialer und politischer Verhältnisse geschrieben hat, ist auch heute noch von Bedeutung.

Das Umfeld, die Möglichkeiten und die einzelnen speziellen Lebensziele des Menschen mögen sich ändern. Im Grunde aber bleibt er zu allen Zeiten der gleiche angefochtene, schuldige, suchende und irrende Mensch, der allein durch Jesus Christus Hilfe und Rettung erfahren kann. In diesem Sinne werden wir uns in Dostojewskis Werken wieder finden.

Wer den Menschen in seiner Zwiespältigkeit von gut und böse kennen lernen will, muss unbedingt zu Dostojewski greifen. Der Ekel vor der Erbärmlichkeit könnte ihn umbringen. Aber Dostojewski setzt der Niedertracht und Verwerflichkeit des Menschen die Macht Jesu Christi entgegen. Noch in seiner letzten Rede, die er zu Ehren des berühmten russischen Dichters Puschkin hielt, bezeugt er: *„Mag unser Land arm sein, aber dieses arme Land durchwandert Christus in Bettlergestalt."*

So gibt sein Werk uns Menschen von heute viel Mut und Hoffnung. Mir persönlich war es eine tiefe Freude, die Spuren des Christus auf vielen Seiten zu entdecken. Vor allen Dingen ist es die Tatsache der Auferstehung Jesu, die ihn gerade in der Zeit der Verbannung nicht hat verzweifeln lassen. Die Worte greifen schon ans Herz, wenn der Dichter ausruft: *„Mein Hosianna ist durch das große Fegefeuer der Zweifel hindurchgegangen."*

Besonders eindrücklich kommt dies in der Szene zum Ausdruck, in der er seine Entlassung aus dem Zuchthaus in Sibirien beschrieben hat. Nachdem die Ketten, mit denen er jahrelang gefesselt war, von ihm losgeschlagen wurden, musste er sie noch einmal in die Hand nehmen. Fast konnte er es nicht begreifen, dass er sie so lange an seinen Füßen getragen hatte.

„Nun mit Gott, mit Gott!", sagten die Gefangenen

mit rauher, abgehackter Stimme, aus der aber doch etwas wie Genugtuung klang.

Ja, mit Gott! Die Freiheit, ein neues Leben, Auferstehung von den Toten ... Was für ein herrlicher Augenblick!

In meinem Buch habe ich längere Passagen aus den Werken Dostojewskis zitiert. Vielleicht mögen sie manchem Leser zu lang erscheinen, aber ich habe dies mit Bedacht getan. Gemessen an der Länge der einzelnen Werke geben sie doch bloß einen kurzen Ausschnitt wieder. Diese Passagen sind kursiv gesetzt.

Danken möchte ich Herrn Dr. Gödeke, Marburg, der mir viel Mut gemacht hat, das Buch zum Druck zu geben. Er hat mein Manuskript gelesen und mir wertvolle Anregungen vermittelt.

Ebenso gilt mein herzlicher Dank Herrn Professor Ludolf Müller aus Tübingen. Mein Mann lud mich zu einem Vortragsabend in der Alten Aula der Universität Marburg ein, wo er selber vor fast fünfzig Jahren Professor Müller als jungen Dozenten kennen gelernt hatte. Nun hielt er anlässlich einer Feier zu seiner Goldenen Promotion einen mir unvergesslichen Vortrag zu dem Thema „Das Christusbild in der russischen Literatur". Seine Ausführungen haben mich tief beeindruckt und mir zusammen mit seinen Büchern wertvolle Anregungen für meine weitere Beschäftigung mit Dostojewski vermittelt.

Nun wünsche ich meinen Lesern viele stille, besinnliche Stunden, in denen sie Freude gewinnen, zu Dostojewskis Werken zu greifen. Großartig ist seine Sprache, inhaltsreich seine Darstellung, tröstend, wegweisend und mutmachend sein Christuszeugnis.

Meine erste Begegnung
mit Dostojewski

Es war mitten in der Erntezeit. Von unserem Acker wurde die letzte Fuhre Roggen bei strahlendem Sonnenschein in die Scheune eingefahren. Ich saß hoch oben auf dem Wagen, müde und hungrig, aber doch froh, dass das Feld abgeerntet war. An meinen Vater gelehnt durfte ich sogar die Leine und Peitsche in Händen halten und ganz alleine die Pferde lenken. Ich war stolz auf mein Tun. „Papa, erzähl mir eine Geschichte," bettelte ich. Mein Vater war ein Meister im Geschichtenerzählen. Er hatte immer eine parat, und er vermochte so spannend zu berichten, dass ich aufmerksam zuhörte und sie nie wieder vergaß.

Mein Vater erfüllte mir meinen Wunsch und begann: Es war eine böse, harte Zeit. In Russland regierte der Zar. In der Leibeigenschaft wurden die Menschen versklavt, und man legte ihnen ungeheure Lasten auf. Ihr Joch steigerte sich manchmal bis ins Unerträgliche. Die hohen Herren konnten über ihre Leibeigenen willkürlich verfügen und raubten ihnen oft ihre Würde.

Auf einem großen herrschaftlichen Gut lebte ein General. Er besaß riesige Ländereien. Er verhielt sich so, als sei er Herr über Leben und Tod. Seine Untergebenen fürchteten sich vor ihm, und wenn er sich in dem kleinen Dorf blicken ließ, dann versuchte jeder, ihm so schnell wie möglich aus dem Weg zu gehen. Er war ein roher, brutaler, hartherziger Mensch.

Dieser General besaß eine große Meute von Hunden. Fast genauso viele Hundepfleger wachten über die Tiere. Sie alle trugen flotte Uniformen und waren beritten. Eines Tages saß der kleine Sohn eines leibeigenen Bauern am Straßenrand und spielte mit Steinen, die im Staub lagen. Als die Meute an ihm vorüberzog, nahm der Junge einen Stein in die Hand und warf damit auf die Hunde. Ausgerechnet der Lieblingshund des Generals wurde am Bein getroffen.

„Warum hinkt das Tier?", fragte der Gutsbesitzer unmutig seine Diener. Die Hundepfleger berichteten ihrem Herrn vom Steinwurf des kleinen Kerls. Sofort ließ der General den Achtjährigen holen. Er schaute ihn von oben bis unten an. „Ach so, du bist der Übeltäter! Sperrt ihn sofort ein!", befahl er zornig und rasend vor Wut. „Steckt ihn in die Arrestzelle!" Vor den Augen der klagenden Mutter wurde das Kind an den Armen gepackt und wie ein Verbrecher abgeführt. Eine lange Nacht musste er in dem dunklen Loch zubringen. Am andern Morgen, als die Sonne aufgegangen war, rüstete sich der General mit seinem ganzen Gefolge zur Jagd. Er schwang sich auf sein Pferd, und um ihn lauerte die wilde Meute mit ihren Hundepflegern auf das Zeichen des Ausritts. Der ganze Hofstaat war um seinen Herrn versammelt, und in der ersten Reihe stand die Mutter des kleinen Bösewichts. Der General befahl seinen Untergebenen: „Holt den Übeltäter aus der Arrestzelle!"

Über die Felder zog ein hässlicher, dichter Nebel. Was würde nun geschehen? Der Junge wurde herbeigeschleppt und musste sich auf Befehl des Gutsbesitzers ausziehen. Seine Kleider wurden ihm förmlich vom

Leib gerissen. Der Knabe zitterte vor Angst am ganzen Körper und schaute zur Erde nieder. Er traute sich nicht zu mucksen. Plötzlich befahl der General seinen Hundepflegern: „Hetzt ihn!" und schon jagten die Berittenen das Kind vor sich her. „Lauf! Lauf!", schrien sie ihn an und trieben ihn voran. Der Junge lief, so schnell ihn seine kleinen Füßchen tragen konnten. Aber schon nach einer kurzen Wegstrecke hetzte der Ausbeuter und Tyrann die Hundemeute hinter ihm her. Vor den Augen der Mutter wurde das Kind von den Bestien zerfleischt.

Diese Geschichte, die mir Vater auf dem Erntewagen erzählt hat, hat mich damals unsäglich traurig gemacht. Ich habe sie nicht mehr vergessen können. Erst viele Jahre später, als ich das Buch „Die Brüder Karamasow" in die Hand nahm, entdeckte ich sie wieder. Das war meine erste Begegnung mit Dostojewski, obwohl es mir damals nicht bewusst war. Ich war gerade dreizehn Jahre alt.

Aus Dostojewskis Leben

Ein einschneidendes Kindheitserlebnis

Walter Nigg berichtet in seinem Buch „Prophetische Denker" über ein gravierendes Erlebnis in Kindertagen: „Zu den unauslöschlichen Jugenderinnerungen Dostojewskis gehört ein Kirchenbesuch, den er mit seiner Mutter in der Karwoche machte. Obwohl er erst acht Jahre alt war, gingen ihm die Worte aus dem Buch Hiob, die ein junger Priester vorlas, nicht mehr aus dem Kopf. Der Aufschrei des Gequälten, ‚Verflucht ist der Tag, darinnen ich geboren ward', hallte sein ganzes Leben lang in seinen Ohren wider. Noch als fünfzigjähriger Mann konnte er das Buch Hiob nicht lesen, ohne in eine innere Erregung zu geraten. Erschüttert ging er in seinem Zimmer hin und her und konnte sich kaum der Tränen erwehren. Die Worte des Mannes aus dem Land Uz, nach dem Satan seine Hand ausgestreckt hatte und in dessen Seele es stürmte, trafen Dostojewski mitten ins Herz. Hiob, den Nachtgesichte erschreckten, in dessen Leib die Pfeile Gottes steckten, ist der große Sonderfall des Alten Testaments. In ihm lebt nichts von der tröstlichen Psalmenfrömmigkeit, wie sie der Fromme empfindet, der seine Lust am Gesetz des Herrn hat. Durch sein namenloses Unglück ist Hiob auf die Unstimmigkeit des Lebens aufmerksam geworden, er nahm wahr, dass das Los der Menschen nicht nach dem Schema von fromm und gottlos verteilt wird, und seine Seele ge-

riet in einen beispiellosen Aufruhr. Seine rebellierende Haltung machte auf Dostojewski diesen bestürzenden Eindruck, weil in ihm auch eine Hiob ähnliche Seele wohnte. Seine Dichtung ist eine ins Moderne gewandte Hiobfrage, die ihre Erhellung fand, weil er den Schritt vom alttestamentlichen Rebell zu den Evangelien tat."
Für seine Schriftstellerei war dieses Kindheitserlebnis von tiefer Bedeutung.

Kindheit und Jugend

Wer ist Fjodor Michailowitsch Dostojewski, und welche Bedeutung hat er als Mensch und Dichter? Das ist die Frage, die mich gepackt hat, als ich zum ersten Mal sein Buch „Die Brüder Karamasow" in die Hände nahm. Es lohnt sich, diesen Großen in der Weltliteratur auf sich wirken zu lassen und seinem Leben auf die Spur zu kommen.

Geboren wurde er am 11. 11. 1821 in Moskau. Sein Vater war Arzt und hatte im Marien-Krankenhaus eine leitende Stellung. Der Sohn hat zu seinem Vater nie ein herzliches, vertrauensvolles Verhältnis aufbauen können, denn dieser war in seinem Wesen mürrisch, launisch, hartherzig, dazu noch geizig. Keinem traute er über den Weg. In dem alten Karamasow spiegeln sich seine Charakterzüge wider. Finanziell ging es der Familie gut. Sie konnte sich sogar ein Gut kaufen. Die Mutter war eine herzensgute Frau. Mit viel Geduld hat sie die hässlichen Launen ihres Mannes ertragen. In dem Roman „Werdejahre" wird ihr Charakter in der Mutter des jungen Erzählers dargestellt.

Es heißt darin: „Demut, Nachgiebigkeit, Unterordnung und zu gleicher Zeit Festigkeit, Kraft – das ist der Charakter deiner Mutter." Seine Mutter wie auch das Dienstpersonal und die leibeigenen Bauern wurden vom Vater grausam tyrannisiert und schlimm behandelt. Hinzu kam die Tragik, dass Dostojewski beide Eltern sehr früh verloren hat. Die Mutter starb an Schwindsucht, als der Sohn sechzehn Jahre alt war. Sein Vater wurde von den leibeigenen Bauern zwei Jahre später, also 1839, ermordet. Dieser brutale Tod versetzte dem Sohn einen schweren Schock. Er erlitt seinen ersten epileptischen Anfall.

Sein Lerneifer ist erstaunlich

Großer Wert wurde bei der Familie Dostojewski auf eine gute Schulbildung gelegt. Das Kind war vier Jahre alt, als es mit dem Unterricht begann. Ein Privatlehrer wurde ins Haus geholt. Der Junge war hoch begabt und lernte schnell. Sein Eifer kannte keine Grenzen. Französisch und Latein brachte ihm der Vater bei. Für die russische Literatur konnte sich der Sohn regelrecht begeistern. Vor allen Dingen liebte er die großen Erzähler Gogol und Puschkin. Er besorgte sich Übersetzungen und vertiefte sich in die englische und deutsche Literatur. Mit zehn Jahren schon las er „Die Räuber" von Schiller und war von diesem Werk fasziniert.

Erstes Heimweh und Trennung von seinem Bruder

Dann aber kam ein schwerwiegendes Ereignis, das den Jungen sehr mitnahm. Mit zehn Jahren musste er das Haus verlassen, um mit seinem Bruder ein Internat zu besuchen. Es war eine gut ausgestattete und hervorragend geführte Einrichtung. Aber das Heimweh quälte den noch jungen Schüler.

Als Dostojewski sechzehn Jahre alt war, schickte ihn sein Vater auf die Militärakademie nach Sankt Petersburg. Auf Grund seiner hohen Begabung erhielt er einen Freiplatz, was natürlich dem geizigen Vater nur recht sein konnte. Dadurch wurde sein Portmonnee geschont. Aber der Drill und die lieblose Art, mit der die Studierenden behandelt wurden, verstärkten das Heimweh.

Am meisten machte ihm dort zu schaffen, dass er nun von seinem Bruder Michail getrennt war, denn er liebte ihn sehr. Mit zweiundzwanzig Jahren beendete er die Petersburger Anstalt mit dem Dienstgrad eines Leutnants.

Der Vater hatte nach seinem Tod den Kindern ein großes Erbe hinterlassen, aber Dostojewski hatte es nicht vermocht, das Geld sinnvoll anzulegen. Er wusste nicht, wie man mit Reichtum vernünftig umgeht, und so war das Erbe bald aufgezehrt. Hatte er Geld in den Fingern, dann lebte er über seine Verhältnisse, machte hohe Schulden und musste Wucherzinsen zahlen. Dieser Zustand stürzte ihn bald in den Ruin.

Zunächst arbeitete Dostojewski zwei Jahre lang als technischer Zeichner im Kriegsministerium. Dann aber wurde ihm diese Plackerei zu viel, er strebte die

Unabhängigkeit an, gab seinen Beruf auf und widmete sich der Schriftstellerei. Der Erfolg blieb nicht aus.

Die Dostojewskibrüder und ihre Zeitschrift „Wremja"

Ein erster Schritt auf diesem Weg war, zusammen mit seinem Bruder, die Zeitschrift „Wremja" (die Zeit) herauszugeben. Um diese finanzieren zu können, hatte Michail seine Zigarettenfabrik verkauft und wurde verantwortlicher Redakteur. Fjodor übernahm die Leitung für den literarischen Teil.

In der „Wremja" veröffentlichte Dostojewski auch seinen Roman „Erniedrigte und Beleidigte". Dieses Werk fand großes Interesse bei den Beziehern. Diese Begeisterung war unbedingt nötig, damit auch die weiteren Folgen gelesen und die Zeitschrift gekauft wurde. Somit kam Geld in das sonst meist leere Portmonnee der Brüder.

Meisterhaft hat der Dichter es verstanden, die Leser von Fortsetzung zu Fortsetzung in Spannung zu halten. So schildert er in diesem Feuilletonroman zu Beginn die Stadt Petersburg. Diese Beschreibung ist ihm gelungen. Er malt sozusagen seinen Lesern die Stimmung der Stadt zur anbrechenden Abendzeit vor Augen.

„Ich liebe die Märzsonne in Petersburg, besonders den Sonnenuntergang; selbstverständlich muss es ein klarer, kalter Abend sein. Die ganze Straße glänzt auf einmal, von hellem Licht übergossen. Alle Häuser fan-

gen plötzlich an zu leuchten. Ihre grauen, gelblichen, schmutzig-grünen Farben verlieren für einen Augenblick all ihr Düsteres, Unfreundliches; es ist, als würde es in der Seele hell, als schräke man zusammen, oder als stieße einen jemand mit dem Ellbogen an. Und der neue Anblick weckt neue Gedanken ... Es ist erstaunlich, was für eine Wirkung ein einziger Sonnenstrahl in der Seele eines Menschen hervorzubringen vermag!
Aber das Licht war erloschen; die Kälte nahm zu und kniff in die Nase."

Es ist eine phantastische Darstellung, und sie schließt mit der Begegnung des Erzählers mit einem alten Mann, den er beobachtet hat und der ihm in eine Spelunke folgt. Der Greis macht einen hilflosen, bedürftigen Eindruck, und das rührt den Erzähler. Er will ihn aus diesem Grunde mit in seine Wohnung begleiten. Aber auf dem Weg torkelt der Alte plötzlich, fällt auf die Straße und ist tot. Der Dichter schreibt:

„Der Alte rührte sich nicht. Ich fasste ihn an der Hand; die Hand fiel wie tot herab. Ich sah ihm ins Gesicht und berührte es – es war bereits tot. Mir war, als ob mir das alles nur träumte.
Dieses Begebnis hatte für mich eine längere, mühevolle Tätigkeit zur Folge, bei der mein Fieber ganz von selbst verging. Es gelang mir, die Wohnung des alten Mannes ausfindig zu machen. Er wohnte jedoch nicht auf der Wassilewski-Insel, sondern wenige Schritte von der Stelle, wo er gestorben war, in dem

Hause eines Herrn Klugen, dicht unter dem Dach, im fünften Stockwerk, in einer eigenen Wohnung, die aus einem kleinen Vorzimmer und einem großen, niederen Zimmer mit drei ganz schmalen Fenstern bestand. Er hatte äußerst ärmlich gewohnt. Das Mobiliar bestand nur aus einem Tisch, zwei Stühlen und einem uralten, steinharten Sofa, aus dem überall die Bastpolsterung hervorsah; und auch diese Möbelstücke gehörten, wie sich herausstellte, dem Wirt. Der Ofen schien seit langer Zeit nicht geheizt zu sein; Kerzen fanden sich auch nicht ..."

Mit der Schilderung dieser ärmlichen Behausung hat Dostojewski seine Leser mit der Not der unteren Schichten bekannt gemacht und erregt ihre Anteilnahme. Erstaunlich dabei ist seine genaue und intensive Beobachtungsgabe und seine Kunst, dies in Worte zu fassen. Der Leser sieht, wie ihm die Situation vor die Augen gemalt wird.

Dann kam alles anders

Dostojewski hatte Erfolg. Aber dann geschah völlig unerwartet etwas Schreckliches.

Es war der 22. Dezember 1849. Auf dem Semjonow Platz standen 15 Häftlinge. An ihnen sollte an diesem Tag das Todesurteil vollstreckt werden.

Unter ihnen befand sich auch Dostojewski, der später zu den ganz großen Männern Russlands zählen wird. Er wartete auf seinen Tod, aber er kam nicht. Urplötzlich wurde die Hinrichtung abgeblasen. Den

Gefangenen wurde mitgeteilt, dass ihre Todesstrafe in eine Haftstrafe umgewandelt wurde. Dostojewski musste für vier Jahre ins Straflager nach Sibirien. Durch diese schreckliche Anspannung, die auf den Gefangenen lastete, verfiel einer dem Wahnsinn.

Wie war es zum Prozess und zu diesem Todesurteil gekommen?

Im April 1849 war Dostojewski angeklagt worden, sich gegen den Zaren verschworen zu haben. In literarischen Zirkeln habe er mit anderen jungen Leuten die Idee des Umsturzes verbreitet. Ihm wurde vorgeworfen, er wollte eine geheime Druckerei einrichten, um dann Flugblätter und Aufrufe unters Volk zu bringen. Aber in diese Gruppe von vermeintlichen Verschwörern um den Kritiker Belinkski war ein Spitzel eingeschleust worden, der dann diese aufrührerischen Machenschaften an die zaristische Polizei verriet. Den jungen Leuten wurde der Prozess gemacht. Auch Dostojewski wurde zum Tode verurteilt. Nun war der Tag seiner Hinrichtung gekommen. Er erinnert sich genau an diese entsetzliche Stunde und beschreibt sie bis in alle Einzelheiten hinein.

Noch einmal wurde den Gefangenen das Todesurteil verlesen. Dann ging ein Geistlicher an ihnen vorüber, und jeder durfte das Kreuz küssen. Diese Handlung entsprach einem alten Ritus und sollte den Todgeweihten Trost in der Stunde der Hinrichtung geben. Zum Zeichen, dass sie ihr Leben verwirkt hatten, wurde über ihrem Haupt ein Degen zerbrochen. Ihre Kleider mussten sie zuvor ausziehen, weiße Totenhemden wurden ihnen übergeworfen. Viele Schaulustige durften an diesem Akt der Hinrichtung teilnehmen. Es war wie ein Spektakulum größten Ausmasses. Die Trommler hämmerten auf ihren Instrumenten. Es herrschte eine unheimlich bedrückende Stimmung. Nie mehr hat Dostojewski diesen Augenblick vergessen können. Etwa zwanzig Schritte vor den Männern waren drei Pfähle in die Erde gerammt worden. Bevor nun die Gefangenen zur Richtstätte geführt wurden, blieben den Verurteilten noch fünf Minuten bis zu ihrem Tod. In der Erinnerung an diesen schrecklichen Tag der Qual kamen ihm diese fünf Minuten wie eine Ewigkeit vor. Sie waren von einem besonderen Reichtum angefüllt und enthielten Leben, so viel Leben, wirkliches Leben. In Gedanken verabschiedete er sich von all seinen Lieben und Freunden. Die letzte Minute aber wollte er nur über sich selbst nachdenken. Bevor ihm diese entsetzliche Kapuze übergeworfen wurde, blickte er noch einmal auf die Kirche, die in der Nähe der Hinrichtungsstätte stand. Die Sonne schien auf die vergoldete Kuppel und ließ sie in herrlichem Glanz erstrahlen. Diese letzten Augenblicke seines Daseins schaute er nur zur Kirche hinüber. Dieses Strahlen hat ihn fasziniert. Es war ihm zumute, als wären diese Strahlen seine neue Natur. Und doch empfand er eine beklemmende Ungewissheit, und das zermarterte seine Sinne. So schreibt er später über dieses Erlebnis:

„Wie aber, wenn ich nun nicht zu sterben brauchte? Wenn ich weiterleben konnte? Was für eine Ewigkeit! Und das alles würde dann mein sein! Ich würde dann jede Minute in ein ganzes Jahrhundert verwandeln; nichts von meiner Zeit würde ich verlieren, jede Mi-

nute berechnen, keinen Augenblick ungenützt vergeuden!"

Er hoffte, die Hinrichtung sollte schnell vorübergehen, denn er empfand einen tiefen Hass und Zorn, dass sein Leben so früh ausgelöscht werden sollte.

In letzter Minute kam dann die Begnadigung.

Als er wieder in den Kerker zurückgeführt worden war, schrieb er einen langen Brief an seinen Bruder Michail:

> *"Nun ist alles entschieden. Ich bin zu vier Jahren Zwangsarbeit in einer Festung verurteilt. Hinterher – gemeiner Soldat. Mein Gott, wie viele Gestalten, lange gehegte und neu geschaffene, werden verderben, in meinem Kopf erlöschen oder sich als Gift in mein Blut einsaugen! Ja, wenn ich nicht schreiben darf, werde ich zu Grunde gehen. Besser fünfzehn Jahre Kerkerhaft, aber mit der Feder in der Hand."*

Diese wenigen Zeilen lassen erahnen, wie schwer ihm diese Zeit der Haft werden würde, wenn alle seine schöpferischen Kräfte lahm gelegt würden. Er fuhr fort:

> *"Ich habe heute dem Tod ins Antlitz geschaut und diesem Gedanken standgehalten! Ich habe meine letzte Stunde schon durchlebt, und nun fange ich noch einmal an zu leben! Bruder, ich schwöre dir, dass ich die Hoffnung nicht aufgeben werde, dass mein Herz und meine Sinne rein bleiben werden. Ich wurde zum Besseren wiedergeboren. Das ist meine ganze Hoffnung und mein ganzer Trost.*

Bruder! Ich bin nicht verzagt ... Das Leben ist überall Leben, das Leben ist in uns selbst und nicht im Äußeren. Neben mir werden Menschen sein, und Mensch unter Menschen zu sein und es immer zu bleiben und in keinem Unglück zu verzagen – darin besteht das Leben, darin liegt die Aufgabe des Lebens. Das ist mir bewusst geworden. Diese Idee ist mir in Fleisch und Blut eingegangen. Ja, wirklich! Jener Kopf, der geschaffen hat, der das höhere Leben der Kunst gelebt hat, der sich seiner bewusst gewesen ist und sich an die höheren Bedürfnisse des Geistes gewöhnt hatte, dieser Kopf ist schon abgeschnitten von meinen Schultern ... Aber in mir geblieben ist das Herz und eben jenes Fleisch und Blut, das auch lieben und leiden und mitfühlen und sich erinnern kann, und dies ist, trotz allem, Leben. On voit le soleil! (Man sieht die Sonne!) Nun leb wohl, Bruder. Trauere nicht um mich ...

Lebe positiv! Niemals hat es in mir so gekocht an reichen und gesunden Vorräten geistigen Lebens wie jetzt. Nur weiß ich nicht: Hält der Körper es aus? ... Vielleicht werden wir uns wiedersehen, Bruder ... Aber trauere nicht, um Gottes willen, trauere nicht um mich. Wisse, dass ich nicht verzagt bin, denke daran, dass die Hoffnung mich nicht verlassen hat. In vier Jahren wird mein Schicksal schon leichter sein. Ich werde Soldat sein, schon nicht mehr Arrestant ... Eine Dreiviertelstunde stand ich heute vor dem Tode, lebte ich mit diesem Gedanken, war ich schon in meinem letzten Augenblick, und jetzt lebe ich noch einmal! ... In meiner Seele ist keine Bitternis. Ich möchte in diesem Augenblick lieben und irgend jemanden von meinen früheren Freunden umarmen. Dieser Trost, ich habe ihn heute erfahren, als ich vor dem Tode von meinen Lieben Abschied nahm. In jenem Augenblick dachte ich, dass die Nachricht von meiner Hinrichtung dich töten werde. Aber jetzt sei ruhig. Ich lebe noch, und ich werde in Zukunft von dem Gedanken leben, dass ich dich noch einmal umarme ... Wenn ich auf die Vergangenheit schaue und denke, wieviel vergeudete Zeit, wieviel Zeit verloren in Verirrungen, in Fehlern, in Müßiggang, im Unvermögen zu leben, wie ich die Zeit nicht hoch genug geschätzt, wie oft ich gesündigt habe gegen mein Herz und meinen Geist, so krampft sich mein Herz zusammen. Das Leben ist eine Gabe, das Leben ist Glück. Jede Minute könnte eine Ewigkeit des Glücks sein. Jetzt, indem ich mein Leben ändere, werde ich umgeboren zu einer neuen Form, Bruder! Ich schwöre dir, dass ich die Hoffnung nicht verliere und meinen Geist und mein Herz rein bewahren werde. Ich werde umgeboren werden zum Besseren. Das ist meine ganze Hoffnung, mein Trost ..."

Dieser Brief Dostojewskis ist sehr bewegend. Der Schrecken des Todes ging dem Dichter unter die Haut. 28 Jahre jung war Dostojewski, als er an diesem Morgen die Hinrichtung vor Augen hatte. Aber dann durchströmte ihn eine nicht in Worte fassbare Freude, dass ihm das Leben noch einmal geschenkt worden war. Es war ihm zumute, als sei er von den Toten auferstanden. Gewiss, der Weg, der nun in die Verbannung führte, war vom Leid, von der Entbehrung, von der Brutalität gezeichnet. So hat er sein Werk später ganz bewusst „Aufzeichnungen aus einem toten Haus" benannt, aber er lebte, und das war mehr als er zu hoffen gewagt hatte. An diesem folgenden Satz haben sich schon viele Verzweifelte aufrichten können:

„Das Leben ist Gabe, das Leben ist Glück – auch im Unglück, es ist mehr als der Sinn des Lebens, das heißt: Es ist ein Wert für sich, auch wenn der Verstand, der nach Nutzen fragt und der die von dem künftigen Leben zu erwartenden Freuden und Leiden kühl gegeneinander abwägt, zu dem Ergebnis kommen sollte, ‚Es lohne sich nicht mehr zu leben'."

Es kam der Tag, der 24. Dezember 1849, an dem die so Begnadigten nach Sibirien geschickt wurden. Den Gefangenen wurden Ketten an die Füße geschmiedet, und in einem Schlitten fuhren die Männer in die sibirische Eiswüste. Während eines kurzen Aufenthalts in einem Gefängnis schenkte eine adlige Dame, die Dostojewski sehr schätzte und verehrte dem Dichter eine Bibel. Sie war seine einzige Lektüre während der langen, erbärmlichen Haftzeit. Nie mehr hat er dieses Buch aus den Händen gegeben. Nur einmal wurde ihm seine Bibel gestohlen. In seinem Roman „Aufzeichnungen aus einem toten Haus" hat er über dieses Ereignis berichtet:

„Im Allgemeinen wurde im Zuchthaus ganz entsetzlich gestohlen. Fast alle hatten ihre eigenen festen, verschließbaren Koffer zur Aufbewahrung der zuchthauseigenen Gegenstände. Das war wohl statt-

haft, indes boten auch die Koffer keinen Schutz vor Diebstahl. Ich denke, jedermann kann sich selbst ausmalen, was für geschickte Diebe es dort gab. Mir selbst hat ein Sträfling, der mir aufrichtig ergeben war, (das sage ich ohne jede Übertreibung) die Bibel gestohlen, das einzige Buch, dessen Besitz im Zuchthaus zulässig war; noch am selben Tag gestand er mir seinen Diebstahl selber ein, nicht aus Reue, sondern aus Mitleid, weil ich so lange nach ihr suchte."

Die Bibel war für Dostojewski wie ein Heiligtum. Noch in seiner Todesstunde hat seine Frau ihm daraus vorgelesen und ihm Trost gespendet.

Dieser Tross von verzweifelten Männern musste unheimliche Qualen auf dieser Reise durchstehen. Die Ketten an den Füßen scheuerten die Haut wund. Die Ernährung war kärglich, und die Leiber der Gefangenen wurden vom Hunger gepeinigt und ausgezehrt. Schnee und Eis, dazu die sprichwörtliche sibirische Kälte, haben ihnen schlimme Erfrierungen zugefügt. Oft bedrückte sie die bange Frage: Werden wir überleben? Nach vierzehn Tagen erreichten die Gefangenen ihr Lager. Die Häftlinge, darunter Mörder, Betrüger, Diebe, waren eng in einem Raum zusammengepfercht. Niemals konnte Dostojewski einen Augenblick allein sein. Das hat diesem sensiblen, scheuen Menschen am meisten zu schaffen gemacht. Immer waren Männer um ihn herum, brutale, hartgesottene, rohe Verbrecher. Es wurde schrecklich geschimpft und geflucht. Wenn diese ungehobelten Kerle losbrüllten, dann tat dies seinen Ohren weh. Der Lagerkommandant war ein scheußlicher Sadist. Ihm machte es Freude, die Häftlinge zu schinden und zu quälen.

Die Ketten fallen

Am 15. 2. 1854 kam der Tag, da er die Katorga (das Gefängnis) verlassen durfte. Bewegend ist das letzte Kapitel mit der Überschrift „Meine Entlassung aus dem Zuchthaus" in seinem Werk „Aufzeichnungen aus einem toten Haus". Der Leser dieses Romans wartet geradezu mit fast nicht mehr auszuhaltender Spannung auf den Tag, da der Gefangene in die Freiheit entlassen wird.

„Dieses letzte Jahr hat sich meinem Gedächtnis beinahe genauso fest eingeprägt wie das erste, besonders die allerletzte Zeit im Zuchthaus ... Ich war im Winter ins Zuchthaus gekommen und musste daher auch im Winter freigelassen werden, an genau demselben Datum, an dem ich eingeliefert war. Mit wie großer Ungeduld wartete ich auf den Winter, mit welcher Wonne sah ich gegen Ausgang des Sommers die Blätter am Baume welken und das Gras in der Steppe vergilben. Und dann war der Sommer vorbei, der Herbstwind heulte, und schon fielen die ersten Schneeflocken ... Endlich war er da, dieser so lange herbeigesehnte Winter! Mein Herz schlug zuweilen dumpf und heftig im großen Vorgefühl der Freiheit. Aber es war sonderbar: je mehr die Zeit verstrich und je näher mein Entlassungstermin heranrückte, desto geduldiger wurde ich. In den allerletzten Tagen wun-

derte ich mich sogar über mich selbst und machte mir Vorwürfe: denn mir schien, als sei ich völlig gelassen und gleichgültig geworden.

Am Vorabend des letzten Tages ging ich in der Dämmerung zum letzten Mal an den Palisaden entlang um das ganze Zuchthausgelände herum. Wie viele tausend Male war ich in all diesen Jahren an diesem Zaun gewesen! Hier hinter den Kasernen war ich im ersten Jahr meiner Gefangenschaft einsam, verwaist und wie vernichtet umhergeirrt. Ich weiß noch, wie ich mir damals ausgerechnet hatte, wieviel tausend Tage ich noch vor mir hatte. Mein Gott, wie lange war das her! Und hier, in diesem Winkel, hatte unser Adler gehaust; und hier hatte Petrow mich so oft erwartet. Auch jetzt wich er nicht von meiner Seite. Er kam oft angelaufen, ging, als ob er meine Gedanken erraten wollte, schweigend neben mir her und schien sich insgeheim über etwas zu wundern. In Gedanken nahm ich auch Abschied von den rauchgeschwärzten Balkenwänden unserer Kaserne. Wie unwirklich waren sie mir damals erschienen. Gewiss waren auch sie inzwischen gealtert, aber davon hatte ich nichts bemerkt. Und wie viel Jugend ist hinter diesen Wänden sinnlos begraben, wie viel große Kraft geht hier ungenutzt zugrunde. Denn hier soll einmal die ganze Wahrheit gesagt werden: Alle diese Gefangenen waren ganz außerordentliche Menschen, vielleicht waren sie die Begabtesten und Stärksten unseres ganzen Volkes. Aber all diese mächtigen Kräfte gingen sinnlos zugrunde, wurden auf abnorme, ungesetzliche Weise unwiederbringlich vernichtet. Wer trägt die Schuld daran?"

Ergreifend und zugleich hoffnungsvoll sind die letzten Worte, die er dann schreibt:

> *„Die Ketten wurden uns von unseren eigenen Mitgefangenen abgenommen, die in der Ingenieurswerkstatt arbeiteten. Ich wartete, bis mein Kamerad fertig war, danach trat auch ich an den Amboss. Die Schmiede drehten mich mit dem Rücken zu sich, hoben meinen Fuß nach hinten und legten ihn auf den Amboss. Sie gaben sich alle Mühe, wollten es recht flink und geschickt machen. ‚Den Nietbolzen! Dreh zuerst den Nietbolzen nach oben!', kommandierte der Ältere. ‚Stell ihn aufrecht, so ist's richtig ... und jetzt schlag mit dem Hammer zu ...!' Die Ketten fielen ab. Ich hob sie auf ... Ich hatte das Bedürfnis, sie noch einmal in der Hand zu halten, sie zum letzten Male zu betrachten. Fast musste ich selbst darüber staunen, dass ich sie eben noch an den Füßen getragen hatte. ‚Nun, mit Gott, mit Gott!', sagten die Gefangenen mit rauher, abgehackter Stimme, aus der aber doch etwas wie Genugtuung klang.*
> *Ja, mit Gott! Die Freiheit, ein neues Leben, Auferstehung von den Toten ... Was für ein herrlicher Augenblick!"*

Baron von Wrangel – ein wahrer Freund

Nachdem er seine vier Jahre Haft abgesessen hatte, musste Dostojewski in Sibirien als Soldat Dienst ableisten. Exerzieren und militärische Übungen wurden zu seinen täglichen Pflichten. Für einen Dichter, wie er es nun einmal war, war dieser Drill ein Gräuel. Es war für ihn ein glücklicher Moment, als er auf der Festung Semipalatinsk in Baron Alexander von Wrangel einen Freund fand, der auch die Literatur liebte. Zwei Seelen waren nun einander zugetan. Baron von Wrangel war ein hoch gebildeter Staatsanwalt und hatte die Möglichkeit, für Dostojewski Bücher zu besorgen. Welch eine wunderbare Fügung des Schicksals bedeutete diese Begegnung, denn der Dichter war geradezu ausgehungert nach Büchern. Nun war er wieder in seinem Element. Nach vier Jahren Schreibverbot durfte er auch wieder die Feder in die Hand nehmen. Leider blieb ihm wegen seiner militärischen Übungen nur wenig Zeit für sein herausragendes Talent. Es war für Dostojewski auch ein entsetzlicher Verlust, als Baron von Wrangel in ein anderes Regiment versetzt wurde. Den Freund zu verlieren, das traf den Dichter sehr.

Das Glaubensbekenntnis Dostojewskis

Diese sechs Jahre als Soldat musste Dostojewski in Semipalatinsk zubringen. In einem Brief an Natalija Fonwisin lässt er uns in sein bekümmertes Seelenleben blicken. Diese Worte geben sehr eindrücklich Zeugnis von seinen Glaubenskämpfen. In seinen Werken hat er sie verarbeitet.

> *„Ich bin ein Kind dieses Jahrhunderts, bis jetzt und sogar (ich weiß es) bis zum Grabe ein Kind des Unglaubens und des Zweifels. Was für schreckliche*

Qualen kostete und kostet mich jetzt dieses Verlangen zu glauben, das um so stärker in meiner Seele ist, je mehr Gegenargumente in mir aufkommen. Indessen, Gott schickt mir bisweilen Minuten, in denen ich ganz ruhig bin. Diese Minuten liebe ich und erkenne, dass ich von anderen geliebt werde, und in diesen Minuten habe ich mir mein Glaubensbekenntnis zurechtgelegt, in dem alles für mich klar und heilig ist. Diese Grundüberzeugung ist sehr einfach. Hier: Ich glaube, dass es nichts Schöneres, Tieferes, Sympathischeres, Vernünftigeres, Mutigeres und Vollkommeneres gibt als den Erlöser; und nicht nur nicht gibt, sondern – das sage ich mir mit leidenschaftlicher Liebe – auch nicht geben kann. Nicht genug damit: Wenn mir jemand bewiese, dass Christus außerhalb der Wahrheit steht, und wenn tatsächlich die Wahrheit außerhalb von Christus stünde, so würde ich lieber bei Christus und nicht bei der Wahrheit bleiben."

Und in einem Brief an seinen jüngeren Bruder schreibt er, nachdem er endlich von seinen Geschwistern Post erhalten durfte:

„Die vier Jahre sehe ich als eine Zeit an, in der man mich lebendig begraben und den Sarg über mir geschlossen hatte. Was das für eine entsetzliche Zeit war, habe ich, mein Freund, nicht die Kraft, dir zu erzählen. Das war ein unaussprechliches Leiden, ein nicht endendes, weil eine jede Stunde, jede Minute mir wie ein Stein auf der Seele lastet. All die vier Jahre gab es keinen Augenblick, in dem ich nicht gespürt hätte, dass ich in der Katorga bin. Was soll man

> *da erzählen! Sogar wenn ich dir hundert Bogen vollschriebe, hättest du keine Vorstellung von meinem Leben in dieser Zeit. Das muss man mindestens mit eigenen Augen sehen – ich rede schon nicht vom Erfahren. Doch diese Zeit ist vorüber, liegt nun wie ein schwerer Traum hinter mir, so wie ich mir vorher die Entlassung aus der Katorga als ein Erwachen zum Licht und eine Auferstehung in ein neues Leben vorgestellt habe."*

Die Begegnung mit Maria Dimitrijewna Isajewa

In dieser Zeit nach der Gefangenschaft in Sibirien lernte er Maria Dimitrijewna Isajewa kennen. Nach vier Jahren völliger Isolierung in der Katorga wurde diese Begegnung für ihn zu einem fesselnden Erlebnis. Maria war eine Schönheit, aber schon von der Schwindsucht gezeichnet. Außerdem war sie mit einem russischen trunksüchtigen Beamten verheiratet. Dostojewski liebte diese Frau leidenschaftlich, was kaum zu verstehen ist, da sie selbst kein Interesse an seinem schriftstellerischen Können zeigte. Nach dem Tod ihres Mannes hat er sie dann geheiratet. Aber sie war ihm untreu und hatte schon wieder einen anderen Liebhaber. Ihr ausschweifendes Leben wurde schnell bekannt. Freunde hatten ihn vor dieser Verbindung gewarnt, aber er war wie versessen auf diese Schönheit. Zu einer wahren Ehe ist es nie gekommen, und schon nach zwei Jahren führten ihre Wege auseinander. Aber Dostojewski sorgte bis zu ihrem Tod für sie und bemühte sich auch sehr um seinen achtjährigen Stiefsohn Pavel. Erhebliche finanzielle Opfer hat er für diesen Jungen gebracht. In dieser Zeit häuften sich seine epileptischen Anfälle. Ihn quälte oft die Angst, ersticken zu müssen.

Die Geliebte

Auf einer Reise durch Europa lernte er in Paris die Studentin Apolinaris Suslowa, Polina genannt, kennen und lieben. Diese neue Beziehung blieb nicht ohne Probleme. Die beiden liebten sich innig, und hassten sich zugleich heftig. Diese Widersprüchlichkeit fand in dem Vorschlag von Dostojewski eine Lösung, indem er riet, dass sie sich wie Bruder und Schwester begegneten. Gemeinsam fuhren die beiden von Paris nach Baden-Baden. Dort verspielte der Dichter sein ganzes Geld. Er musste seine Uhr und Polina ihren Ring verpfänden. Dann setzten sie ihre Reise nach Rom fort. Danach aber trennte sich Dostojewski von seiner Begleiterin.

Nach diesen demütigenden und zermürbenden Erfahrungen kehrte er nach Petersburg zurück. Sein Gewissen fragte ihn, wie er denn nur seine kranke Frau zu Hause habe vergessen können und er sich auf diese Frau aus Paris einließ! Diese Liebesaffäre war von schweren Schuldgefühlen begleitet. Da in Petersburg das Wetter nass und kalt war, was sich katastrophal auf den Gesundheitszustand seiner Frau auswirkte, beschloss er, nach Moskau zu ziehen. Er hoffte, dass seine Gattin, die ja an Schwindsucht litt, sich dort erholen könnte.

Reformen in Russland unter Zar Alexander II

Dostojewski landete schließlich nach mehr als zehn Jahren wieder in Petersburg. Aber auch hier war die Zeit nicht stehen geblieben. Ein neuer Zar, Alexander der Zweite, war an die Macht gekommen. Er hatte einige bahnbrechende Reformen auf den Weg gebracht. So wurde die Leibeigenschaft abgeschafft und die Zensur von gedruckten Schriften gelockert. Vor allen Dingen hatte man die längst fälligen Reformen in der Justiz durchgesetzt. Das alte korrupte Gerichtswesen wurde entrümpelt. Ein Erlass von 1863 schaffte Auspeitschung und Brandmal ab. Auch das Spießrutenlaufen in der Armee wurde untersagt. Jetzt durfte die Idee Gestalt annehmen, für die Dostojewski wenige Jahre zuvor die Todesstrafe angedroht worden war. Früher war er geächtet, nun aber verehrte man ihn als Märtyrer. Gerade bei jungen Menschen galt er als leuchtendes Vorbild.

Zusammen mit seinem Bruder brachte nun Dostojewski die Monatszeitschrift „Die Zeit" heraus. Darin veröffentlichte er in Fortsetzungen seinen Roman „Aufzeichnungen aus einem toten Haus". Die Verzweiflung der Häftlinge in den Straflagern Sibiriens hatte er täglich auch am eigenen Leib durchlebt. Als der Zar diese Artikel las, brach er in Tränen aus. Aber die Wirklichkeit war noch schlimmer, als er sie in seinem Roman beschrieben hatte. Er musste die Beschreibung der rohen und brutalen Behandlung von Strafgefangenen abschwächen, sonst hätte er sein Werk nicht veröffentlichen dürfen. Der Roman wurde zu einem wahren Erfolg. Diese Aufzeichnungen über die sibirischen Straflager brachten Licht in das Dunkel von Gerüchten, denn der Autor war ja erst vor wenigen Jahren aus der Katorga in Omsk zurückgekehrt.

An seinen Freund von Wrangel schrieb Dostojewski:

> *„Mein Totenhaus hat buchstäblich Furore gemacht, und ich habe meine literarische Reputation wieder hergestellt."*

Turgenjew, damals schon ein bekannter Dichter, teilte dem Verfasser mit, dass die Szene im Badehaus wie von Dante wäre, so schrecklich habe er sie empfunden.

So hat dieses Werk mit dazu beigetragen, dass weitreichende Reformen in Angriff genommen wurden. Der Vergleich der Akten der Omsker Gefängnisverwaltung mit Dostojewskis Berichten zeigt, dass der Dichter die Zusammensetzung der Häftlingsbevölkerung richtig wiedergegeben hat. In der Schilderung der Gräueltaten an den Gefangenen ist er hinter der Wirklichkeit zurückgeblieben. Er musste damals noch auf die Zensur Rücksicht nehmen. So erzählt er von einem Mithäftling, der sich auf einen Major gestürzt und ihn zu ermorden versucht hat. Nach einer brutalen Prügelstrafe ist er drei Tage später im Gefangenenhospital an den schlimmen Folgen dieser Auspeitschung gestorben. Die Gefängnisakten aber berichten, dass der Häftling schon während des Strafvollzugs starb und die letzten tausend Schläge auf seinen bereits toten Körper fielen. Die Brutalität war so schrecklich, dass sogar noch der Leichnam geprügelt wurde!

Alles Erleben in der Katorga war für Dostojewski eine ungeheure Bedrückung. Nur in der literarischen Arbeit fand er ein wenig Erleichterung. In seinem Buch „Aufzeichnungen aus einem toten Haus" berichtet er über seine Erfahrung in der Kerkerhaft. Aber viel Entsetzliches, was er dort hatte durchleiden müssen, konnte er nicht in Worte fassen. Es blieb sein Geheimnis.

Neue Schwierigkeiten für den Dichter

Dostojewski geriet in eine große Anspannung. Er wollte gerne schreiben – und sein Kopf war voller Ideen – aber seine Frau lag auf dem Krankenlager und machte ihm große Sorgen. Würde sie überleben? Er wanderte zwischen Schreibtisch und Krankenbett hin und her. Auch das Verhalten seines Stiefsohnes machte ihm Not. Er war ein störrischer, mürrischer, trotziger Mensch. Am meisten aber bekümmerten ihn die Schulden. Wie ein Berg standen sie vor ihm. Die Zeitschrift, deren Herausgabe verheißungsvoll begonnen hatte, wurde verboten. Es hieß: Die Artikel in der „Wremja" richteten sich gegen das Vaterland und untergrüben die politische Verantwortung des Volkes. Die beiden Dostojewskibrüder begannen mit einer neuen Zeitschrift und brachten „Die Epoche" heraus. Aber nur wenige Leser abonnierten sie.

Kurz nach ihrem ersten Erscheinen starb Frau Dostojewski. In einem Brief an Baron von Wrangel schrieb Dostojewski:

> *„Sie liebte mich grenzenlos, ich liebte sie über alle Maßen, und doch lebten wir nicht glücklich miteinander. Ich will Ihnen alles erzählen, wenn wir uns wieder sehen; jetzt will ich Ihnen nur sagen, dass wir nicht aufhören konnten, einander zu lieben, auch wenn wir wirklich unglücklich waren, infolge ihres seltsamen, argwöhnischen und krankhaft phantastischen Charakters; ja, je unglücklicher wir waren, desto mehr hingen wir aneinander. Das mag sonderbar scheinen, aber es war so."*

Der Tod seiner Frau bringt den Dichter ins Nachdenken über wirkliches Leben und Tod. Er bekennt sich zum christlichen Glauben und will mit aller Ernsthaftigkeit Christus nachfolgen. Er macht unmissverständlich deutlich, dass es einen wahren Humanismus ohne Gott nicht geben kann und bringt seine Überlegungen zu Papier:

> *„Die Atheisten stellen sich alles in menschlicher (irdischer) Form vor, und dadurch sündigen sie. ‚Liebe jeden wie dich selbst' ist hiernieden nicht möglich und erfordert den Glauben an das künftige Leben. So hängt also alles vom christlichen Glauben ab. Wenn du an Christus glaubst, so glaubst du, dass du ewig leben wirst. Wie wunderbar ist die zusammenfassende Natur Christi. Wer bereits tot ist, wird wieder lebendig werden in einem endgültigen, zusammenfassenden und unendlichen Leben. Die Lehre der Materialisten bedeutet Tod; die wahre Philosophie, Unterdrückung der Trägheit, das heißt Mittelpunkt und Zusammenfassung von allem, das ist Gott und das ewige Leben."*

Mit diesem Glaubensbekenntnis hat Dostojewski eine Wende in seinem Leben vollzogen. Das zeigt sich sehr deutlich in seinen Werken. Immer wieder betont er darin, dass ein Leben ohne Gott zum Scheitern verurteilt ist. Es wird immer in einer Sackgasse und Ausweglosigkeit enden.

Es folgte für den Dichter eine schwere Zeit, denn der Tod lauerte an seinem Lebensweg. Zwei Monate nach dem Tod seiner Frau verstarb am 10. Juni 1864 sein Bruder. Dieser Tod stellte ihn vor neue Verpflichtungen, denn nun musste er für seine Schwägerin und ihre vier Kinder finanziell aufkommen und auch noch die Schulden seines Bruders auf sich nehmen. Seine ständige Geldnot nahm immer noch mehr zu und seine Schulden drückten ihn mächtig. Die Zeitschrift „Die Epoche" riss ein großes Minus in die Kasse, da sie wenig Leser fand.

1865 stand Dostojewski mit 1500 Rubel Schulden vor dem Ruin. Seine Ausweglosigkeit spitzte sich zu. Er unterzeichnete einen Vertrag mit seinem Verleger Stellowski, der fast kriminell zu nennen ist. Aber Dostojewski brauchte unbedingt Geld, und so verkaufte er diesem skrupellosen Geschäftsmann sämtliche Rechte für eine Gesamtausgabe seiner bisher erschienenen Werke. Zudem musste er sich verpflichten, bis zum 1. November 1866 einen neuen Roman zu schreiben. Gelingt ihm dies nicht, dann ist der Verleger berechtigt, alle bisherigen und zukünftigen Werke des Dichters ohne Entgelt in Buchform herauszubringen, wenn sie einmal als Vorabdruck in Zeitschriften erschienen waren. Dafür sollte Dostojewski 3000 Rubel als Vorschuss erhalten.

Dies war ein ungeheuerlicher, ja schändlicher Vertrag und brachte den Dichter in eine entsetzliche Enge hinein. Wahrscheinlich konnte er diesen gewaltigen Druck nicht aushalten, und so brach er nach Wiesbaden und Kopenhagen auf. Er musste aus Russland ‚raus, denn Russland war gegen ihn, so jedenfalls empfand er seine Lage. Wieder traf er auf Polina, und seine Liebe zu ihr flammte neu auf. Zugleich packte ihn auch wieder die Leidenschaft zum Glücksspiel. Nach einem ausgeklügelten System, das sich aber hernach als verlustreich herausstellte, hoffte er viel Geld zu gewinnen, verlor aber alles. Er bat Freunde, ihm in seiner Notlage zu helfen, und schrieb auch Bettelbriefe an andere Dichter. Dabei machte er viele demütigende Erfahrungen. Das letzte Geld, das ihm zugeschickt wurde, nahm Polina an sich und machte sich damit aus dem Staub. Sie reiste nach Paris zurück. Nun besaß er noch nicht einmal ein paar Kopeken, um weitere Bettelbriefe Richtung Petersburg abzuschicken. Es war sein Freund, Baron von Wrangel, der sich gerade in Kopenhagen befand und ihm beistand. Dostojewski suchte ihn auf, erhielt aber nur eine geringe Summe. Aus diesem Grunde kehrte der Dichter nach Petersburg zurück.

Ohne einen Pfennig in der Tasche ging er zu seinem Verleger Katkow. Dieser versprach ihm, in Fortsetzungen seinen Roman „Schuld und Sühne" in seiner Zeitschrift abzudrucken, sobald er ihn in Händen hätte. Dostojewski machte sich an die Arbeit, damit er die gewünschten Folgen rechtzeitig abliefern könnte. Noch ehe der Roman beendet war, erschien schon seine erste Fortsetzung. Mit diesem Entschluss aber war Dostojewski schlecht beraten. Hatte er vergessen, dass er eigentlich seinem Verleger Stellowski vertraglich zugesagt hatte, ihm bis zum 1. November ein fertiges Werk abzuliefern? Nun war schon Anfang Oktober, und er hatte noch nicht einmal mit dieser Arbeit begonnen.

Anna Grigorjewna

Diese brenzlige Situation wurde für Dostojewski zu einem einmaligen Glücksfall, denn nun trat Anna Grigorjewna Snitkina in sein Leben. Sie wurde nicht nur seine Frau, sondern auch zum bedeutungsvollsten Menschen an seiner Seite. Er hat sie überaus lieb gewonnen, und mit ihr kam Ruhe in sein aufgewühltes Dasein, das mit rasanter Geschwindigkeit auf eine Katastrophe zutrieb. In ihren Lebenserinnerungen schilderte sie selbst diese Begegnung. Unter welch nüchternen, ja geradezu düsteren äußeren Umständen hatte doch ihre Bekanntschaft mit Dostojewski begonnen. Als sie zum ersten Mal bei ihm erschien, fand sie alles verzweifelt und wüst in seinem Leben, und mit unaufhaltsamer Konsequenz schien damals sein Schicksal dem Ruin zuzutreiben. Er empfing das junge Mädchen unfreundlich, war zerstreut und nervös. Sie selbst erzählte in späteren Jahren: „Kein einziger Mensch hat weder vorher noch nachher einen so niederdrückenden Eindruck auf mich gemacht wie Fjodor Michailowitsch bei unserm ersten Zusammentreffen. Ich sah einen furchtbar unglücklichen, zerschlagenen, gequälten Mann vor mir; es schien, als hätte er erst in den letzten Tagen jemand seinem Herzen sehr Nahestehenden verloren, als bedrohte ihn irgendein großes, unmittelbar bevorstehendes Unglück. Als ich Fjodor Michailowitsch verließ, war meine rosige glückliche Stimmung verflogen wie Rauch. Meine Regenbogenfantasien zerflossen in nichts, und traurig, tief bedrückt wanderte ich durch die Straßen. Ich trauerte um meine zerstörten Hoffnungen, und als mich meine Mutter zu Hause mit Fragen bestürmte, vermochte ich ihr nur zu antworten: ‚Ach Mama, frage mich nichts über Dostojewski!'"

Der Dichter selbst berichtet über dieses erste Zusammentreffen:

„Als wir beim Schluss des Romans ‚Der Spieler' angelangt waren, bemerkte ich, dass die Stenografin, wenn sie mir auch niemals ein Wort davon gesagt hat, eine aufrichtige Neigung zu mir gefasst hatte; mir wiederum gefiel sie täglich mehr und mehr. Da seit dem Tode meines Bruders mein Leben sich so öde und schwer gestaltet hatte, habe ich ihr einen Heiratsantrag gemacht; sie willigte ein, und nun sind wir vermählt. Die Altersdifferenz ist furchtbar groß; zwanzig und vierundvierzig, doch überzeuge ich mich immer mehr davon, dass ich sie glücklich machen werde. Sie hat ein Herz und versteht zu lieben."

Über fünfzehn Jahre hat seine Frau fast täglich sein dichterisches Können stenografisch festgehalten und seine Romane ins Reine geschrieben. Das erste Manuskript, das sie für ihn verfasste, nahm sie am 4. Oktober auf. Schon am 29. Oktober, also 26 Tage später, war die letzte Seite des Romans „Der Spieler" fertig geschrieben. In diesem Werk beschreibt Dostojewski sein Leben, das vor allen Dingen von seiner Spielleidenschaft gezeichnet ist. Sogar seine frühere Geliebte, Polina, nennt er mit Namen. Zenta Maurina schreibt: „Für Dostojewski waren Liebe und Spiel ein Gehen am Rand des Abgrunds, und es ist schwer zu sagen, welche Leidenschaft ihn mehr verzehrte, die zur unerreichbaren Frau oder die zum Hasardspiel. Die Katorga hatte in ihm alle festen Grundlagen unterhöhlt."

Anna Grigorjewna war eine wunderbare Frau. Sie war ihrem Gatten treu ergeben und eine rechte Beschützerin seiner Werke. Immer hat Dostojewski unter Geldmangel gelitten, und erst, als sie die Finanzen in die Hand nahm, wurde er dieser Sorgen enthoben. Sie hatte zu Recht erkannt, dass die Belastungen durch die Schulden für ihren Mann eine ungeheure Qual waren. Sie hinderten sein schriftstellerisches Können.

Es war eine wunderbare Führung Gottes, dass sich die Eheleute so gut verstanden. Sowohl die wirtschaftlichen Fragen als auch das künstlerische Schaffen konnten sie miteinander besprechen. Sie blieben einander zugetan, bis dass der Tod sie schied.

Anna Grigorjewna entstammte einer gutsituierten Familie. In ihrer Schulzeit hat sie sich zunächst mit naturwissenschaftlichen Studien befasst, später aber erkannte sie ihre literarischen Neigungen. Auf Anraten ihres schwer erkrankten Vaters belegte sie Stenografiekurse, um damit ihren Lebensunterhalt verdienen zu können. Auf diesem Weg lernte sie auch Dostojewski kennen. Sie war von der Größe dieses ungewöhnlichen Genies fasziniert und verehrte ihn. Für sie bedeutete die Ehe mit diesem so begabten Menschen ihr höchstes Glück. In einem Brief auf ihrer Hochzeitsreise schrieb sie an eine Bekannte: „Was mich betrifft, so kann ich Ihnen nur sagen, dass ich sehr, sehr glücklich bin. Wer wäre es übrigens nicht mit einem Manne wie Fedja? Was ist er doch für ein herrlicher, prächtiger Mensch! Nur wenige gibt es, die ihn wirklich kennen. Er zeigt sich immer mürrisch und reizbar; wenn aber jemand wüsste, was sich hinter dieser Oberfläche wirklich an Wärme, Güte und Menschlichkeit verbirgt! Je länger man ihn kennt, desto inniger ist man ihm zugetan."

Dostojewski schätzte den Einsatz seiner Frau. Jeden Roman, jedes Werk, das er fertig geschrieben hat, hat er ihr nochmals vorgelesen und auf ihre Beurteilung Wert gelegt. *„Dein Urteil ist das einzige, das ich fürchte"*, gestand er ihr.

Sie hat auch immer sehr darunter gelitten, wenn Dostojewski in Geldnöte geraten war und die Gläubiger vor seiner Tür standen. In ihren Lebenserinnerungen berichtet sie später von solch schlimmen Erfahrungen. So sagte einmal ihr Mann zu ihr voller Traurigkeit:

„Das Schicksal ist gegen uns, meine teure Anetschka, du siehst es. Wenn wir jetzt im Frühjahr ins Ausland fahren, so brauchen wir zweitausend Rubel. Bleiben wir in Russland, dann können wir für dieses Geld ruhig zwei Monate leben und uns vielleicht eine Villa mieten ... Dort kann ich dann in Ruhe arbeiten, und es ist möglich, dass wir im Herbst wieder Geld

haben und auf zwei Monate ins Ausland fahren. Wenn du wüsstest, mein teures Täubchen, wie leid es mir tut, dass sich unser schon gehegter Plan nicht verwirklichen lässt. Ach, wie sehr hatte ich mir diese Reise gewünscht, sie schien mir für uns beide unentbehrlich!"

Auch seine Frau litt unter dieser veränderten Lage. Sie schreibt darüber: „Ich sah die gedrückte Stimmung Fjodor Michailowitschs und versuchte meinen Ärger zu verheimlichen. ‚Beruhige dich, Teurer. Warte bis zum Herbst, vielleicht werden wir dann mehr Glück haben.' Unter dem Vorwand, ich hätte Kopfschmerzen, ging ich aus dem Zimmer, aus Angst, weinen zu müssen und meinen Mann noch trostloser zu machen. Meine Seele war grenzenlos traurig gestimmt. All die düsteren Gedanken und Zweifel, die mich so gequält hatten, und die während der Reise nach Moskau verschwunden gewesen waren, kehrten mit doppelter Stärke wieder, und ich war verzweifelt, als ich sah, dass der Traum, der uns beide erfüllt hatte, unverwirklicht blieb. Ich dachte, nur die geistige Gemeinschaft mit meinem Manne, die mir in den glücklichen Wochen vor unserer Heirat so wert gewesen, die unser Leben so verschönert hatte, vermöchte jene starke und einträchtige Familie zu schaffen, die wir uns beide wünschten. Um unsere Liebe zu retten, mussten wir, wenn auch nur für zwei oder drei Monate, allein bleiben, und ich hoffte, nach allen durchlebten Aufregungen und Unannehmlichkeiten wieder Ruhe zu finden. Ich war fest überzeugt, wir würden uns dann für das ganze Leben zusammenfinden und niemand würde uns auseinanderbringen können. Woher aber das Geld für die uns beiden so notwendige Reise nehmen überlegte ich mir, und plötzlich schoss mir ein Gedanke durch den Kopf. Sollte ich nicht lieber meine ganze Mitgift für die Reise opfern und auf diese Weise mein Glück retten? Dieser Gedanke nahm mich immer mehr gefangen, wenn auch seine Verwirklichung gewisse Schwierigkeiten bot ... Ich hing sehr an meinen Möbeln, Kleidern und an meinem Klavier. Mir tat es leid, dies alles entbehren zu müssen und zu riskieren, dass ich dies alles niemals zurückbekommen könnte. Ich fürchtete auch die Unzufriedenheit meiner Mutter zu erregen, denn ich stand noch immer unter ihrem Einfluss und wollte sie nicht kränken. Auch war ein Teil der Mitgift von ihrem Geld genommen ... Unschlüssig und voller Zweifel verbrachte ich eine schlaflose Nacht; um fünf Uhr früh wurde zum Frühgottesdienst geläutet, und ich beschloss, in die Himmelfahrtskirche gegenüber unserm Haus zu gehen und zu beten. Wie beruhigend wirkte der Gottesdienst auf mich! Ich betete inbrünstig, weinte und verließ die Kirche mit einem festen Entschluss ... Meine Mutter billigte zu meiner großen Freude den Plan, alle Wertsachen zu verpfänden. Auf die Frage, ob es ihr um meine Mitgift nicht Leid tue, antwortete sie mir: ,Gewiss tut es mir Leid, aber was soll man tun, da doch dein Glück in Gefahr ist. Du und Fjodor Michailowitsch seid so verschiedene Menschen, dass ihr, wenn ihr euch jetzt nicht verständigt, euch nie mehr verstehen werdet. Ihr müsst unbedingt fort, sobald als möglich, und zwar noch vor den Feiertagen, ehe neue Hindernisse auftauchen.'"

Anna Grigorjewna war eine wunderbare, verständnisvolle Ehefrau. Sie entwickelte ein gutes Geschick, ihrem Mann in konfliktreichen Situationen beizustehen, und sie hat es vermocht, sich in seine Lage hineinzuversetzen.

Auch nach seinem Tod fühlte sie sich mit ihm und seinem Werk eng verbunden. Sie schreibt: „Es gibt in dieser Welt nichts Kostbareres als die Liebe ... Ich hatte Dostojewski gewählt, als ich achtzehn Jahre zählte. Heute bin ich siebzig, und noch immer gehört jeder meiner Gedanken, jede Handlung nur ihm allein. Ich gehöre seinem Gedächtnis, seinem Werke, seinen Kindern, seinen Enkeln, und jedes kleinste Teilchen von ihm ist mir immer ein Ganzes."

Dostojewskis Kinder

Die Freude war groß, als am 22. Februar 1868 eine kleine Tochter in Genf das Licht der Welt erblickte. Dostojewski nahm regen Anteil an der Geburt seines Kindes und stand seiner Frau in ihrer schweren Stunde bei. Aber er litt sehr, als er sah, wie sich seine Frau quälte und Schmerzen erdulden musste. Schließlich war er so verzweifelt, dass er anfing zu weinen. Durch sein aufgeregtes Verhalten stürzte er seine Frau so in Schrecken, dass die Hebamme ihn aus dem Geburtszimmer verweisen musste. Er fiel vor einer Couch auf die Knie und betete innig zu Gott. Sein Gesicht hielt er in seinen Händen verborgen. Die Zeit schien für ihn stillzustehen. Als er dann aber mitten im Stöhnen seiner Frau das Schreien eines Kindes vernahm, war er der glücklichste Mensch auf der Welt. Die kleine Sonja war geboren. Außer sich vor Freude sprang er auf seine Füße, lief zur Tür, warf sich vor dem Bett seiner Frau nieder und küsste ihre Hände. Die Hebamme reichte den jungen Eltern ein Bündelchen mit dem Neugeborenen. Nun war ihr Glück vollkommen. Der Vater bekreuzte Sonja andächtig, küsste das runzlige Gesichtchen und sagte zu seiner Frau: „Anja, schau, wie herzig sie ist!" In seinem Roman „Die Dämonen" hat der Dichter in der Szene der Entbindung von Schatoffs Frau seine eigenen Empfindungen und Gefühle bei der Geburt seiner ersten Tochter geschildert.

Anna Grigorjewa schreibt in ihren Erinnerungen: „Nachdem in unser Haus wieder eine gewisse Ordnung eingekehrt war, begann ein Leben, an das ich mich stets voll Freude erinnere. Fjodor Michailowitsch war zu meinem übergroßen Glück der zärtlichste Vater; er half mir das Töchterchen baden, wickelte es selbst in eine Decke ein, steckte diese mit Sicherheitsnadeln zu, trug die Kleine auf den Armen und schläferte sie ein; kaum dass er ihre Stimme hörte, eilte er zu ihr und vergaß seine Arbeit. Beim Erwachen oder bei der Rückkehr nach Hause war seine erste Frage: ‚Was macht Sonja? Ist sie gesund? Gut geschlafen, gegessen?'"

Stunden verbrachte Fjodor Michailowitsch an ihrem Bettchen, sang ihr Lieder vor oder unterhielt sich mit ihr. Als sie drei Monate alt war, versicherte er, dass Sonetschka ihn schon erkenne.

Aber dieses herrliche Glück war nicht von langer Dauer. Wie der Reif in einer kalten Frühlingsnacht in eine blühende Kirschplantage fällt und alle Blütenpracht mit einem Schlag zerstört, so traf ein harter Schicksalsschlag die Familie wie aus heiterem Himmel. Sonja erkältete sich bei nasskaltem, windigen Wetter, bekam Husten und Fieber und weinte vor Schmerzen. Täglich kam der Kinderarzt ins Haus, und Fjodor Dostojewski wich nicht vom Bett des kranken Babys. Obwohl der Arzt den Eltern Hoffnung gemacht hatte, geschah doch das Unglück. Am 12. Mai verstarb die kleine Sonja. Dostojewski saß am Bett der Kleinen, weinte laut und bedeckte den kalten Körper seines Lieblings mit heißen Küssen, so als könne er ihm damit neues Leben einflößen. Schließlich zogen ihm die Eltern ein weißes Atlaskleidchen an, legten es gemeinsam in einen weißen Sarg und ließen ihren Tränen freien Lauf. Der Tod hatte ihnen das Liebste genommen.

Am 18. Mai 1868 schrieb er an Maikoff:

„Dieses kleine, drei Monate alte, so unbedeutende, so winzige Geschöpf hatte für mich schon ein Antlitz und einen Charakter. Sie fing schon an, mich zu erkennen und zu lieben, und sie lächelte, wenn ich mich ihr näherte. Sie hörte zu, wenn ich ihr mit meiner komischen Stimme Lieder vorsang, sie weinte nicht, verzog auch das Gesicht nicht, wenn ich sie küsste; trat ich an sie heran, so hörte sie auf zu weinen."

In Genf in einer russischen Kirche fand dann die Trauerfeier statt, und anschließend wurde das Kindchen auf dem Friedhof in die fremde Erde gebettet. Auf dem kleinen Grab pflanzten die Eltern Zypressen und ließen ein weißes Marmorkreuz aufstellen. Täglich standen sie am Grab ihres Lieblings, beweinten ihr Kind und beteten zu Gott.

Als Dostojewski Genf verließ, fiel den Eltern die Trennung von ihrem geliebten Sohn sehr schwer.

Am 14. September 1869 wurde der Familie wieder eine Tochter geboren. Sie gaben der Kleinen den Namen Ljuboff. In einem Brief schreibt Frau Dostojewski: „Vor drei Tagen wurde mir eine Tochter geboren, Ljuboff. Alles lief glücklich ab und das Kind ist groß, gesund und schön ... Mit der Geburt des Kindes leuchtete das Glück in unserer Familie wieder auf. Fjodor Michailowitsch war ungemein zärtlich zu seiner Tochter, gab sich viel mit ihr ab, pflegte sie selbst zu baden, trug sie auf den Armen, wiegte sie in den Schlaf und fühlte sich glücklich, so dass er Strachoff schrieb: ‚Ach, warum sind Sie nicht verheiratet und haben kein Kind, sehr verehrter Nikolai Nikolajewitsch? Ich schwöre Ihnen, darin liegt drei Viertel des menschlichen Glückes und für alles andere bleibt höchstens ein Viertel übrig ...'"

Vier Jahre hat das Ehepaar Dostojewski im Ausland zugebracht. 1871 kehrte es wieder nach Petersburg zurück. Als sie an der Kirche vorbeifuhren, in der sie getraut worden waren, beteten sie beide. Sie waren voller Erwartung, was die kommende Zeit ihnen in Russland bringen würde.

Zunächst aber war Anna Grigorjewna wieder schwanger. Am 16. Juli wurde dem Ehepaar der erste Sohn geboren. Er erhielt zu Ehren seines Vaters den Namen Fjodor. Aber auch diesem Kind sollte kein langes Leben beschieden sein. Es erkrankte plötzlich sehr schwer. Über diese Not schreibt Anna Grigorjewna in ihren Lebenserinnerungen: „Fjodor Michailowitsch begleitete ihn (den Arzt) ins Vorzimmer und kehrte furchtbar blass zurück, kniete vor dem Diwan nieder, auf den wir unsern Kleinen gebettet hatten, damit der Arzt ihn bequemer untersuchen konnte. Auch ich kniete neben meinem Mann nieder, wollte ihn etwas fragen, was der Arzt ihm gesagt habe (wie ich später erfuhr, hatte er Fjodor Michailowitsch erklärt, dass der Knabe bereits in Agonie liege), aber er gab mir durch ein Zeichen zu verstehen, dass ich schweigen möge. Es verging ungefähr eine Stunde und wir merkten, dass die Krämpfe sichtlich schwächer wurden. Durch die Worte des Arztes beruhigt, freute ich mich sogar darüber und dachte, das krampfhafte Zittern werde nun in einen ruhigen Schlaf übergehen, der vielleicht die Genesung bringen werde. Wie verzweifelt war ich aber, als das Kind zu atmen aufhörte und der Tod eintrat. Fjodor Michailowitsch küsste den Kleinen, bekreuzte ihn dreimal und brach in lautes Weinen aus. Auch ich weinte gemeinsam mit den Kindern, die den guten Aljoscha so geliebt hatten.

Fjodor Michailowitsch war durch den Tod unseres jüngsten Sohnes furchtbar erschüttert; er hatte Aljoscha ganz seltsam – mit einer fast krankhaften Liebe geliebt, als hätte er dessen frühen Tod geahnt. Seinen Schmerz erhöhte noch der Umstand, dass das Kind an Epilepsie zugrunde gegangen war, die es von ihm geerbt hatte."

Die Reisen des Dichters

Eine Leidenschaft in Dostojewskis Leben war das Reisen. Sicher hätte es ihm noch mehr Freude gemacht, wenn er nicht immer so knapp bei Kasse gewesen wäre. Immer wieder standen die Gläubiger vor seiner Tür. Es war ein wichtiger Entschluss, dass Dostojewski 1862 nach Westeuropa reiste. Er fuhr ohne seine Frau und besuchte interessante Städte. In Deutschland kehrte er in Berlin, Dresden, Wiesbaden und Baden-Baden ein. Er war aber auch fasziniert von Paris, Genf, Rom und London. Dostojewski fuhr viermal in die großen Städte.

Der Ausweg aus den Geldnöten

Obwohl die Bücher Dostojewskis ein Erfolg waren, blieben dem Dichter weiter finanzielle Sorgen. Erst als seine Frau begann, die Verhandlungen mit den Verlegern zu führen, zeichnete sich ein Schimmer von Hoffnung ab. Sie hatte eine glücklichere Hand und führte die Geldgeschäfte mit großem Geschick. Zunächst gründete sie einen eigenen Verlag und brachte die Romane „Der Idiot" und „Die Dämonen" selbst heraus. Diese beiden Werke erschienen als Fortsetzungen in einer Zeitschrift. Frau Dostojewski ließ die Bücher auf eigene Kosten selbst drucken, so blieben ihr dann auch die Gewinne. Plötzlich floss Geld in die Haushaltskasse, so dass sich die Familie ein Haus in Starja Russa am Ilmensee mietete, das sie später sogar erwerben konnte. Nun war für den Dichter ein Ort gefunden, an dem er mit Ruhe arbeiten konnte.

Die Faszination durch Christus

Wer den Menschen in seiner Zwiespältigkeit von Gut und Böse kennen lernen will, muss zu Dostojewski greifen. Der Ekel vor der Erbärmlichkeit könnte ihn töten. Aber Dostojewski setzt der Niedertracht und Verwerflichkeit des Menschen die Macht Jesu Christi entgegen. Walter Nigg schreibt in seinem Buch „Prophetische Denker" über Dostojewski: „Keine Erscheinung hat ihn so stark fasziniert wie die Person Jesu Christi. Noch in seiner letzten Rede, die er zu Ehren des großen Dichters Puschkin hielt, bezeugt Dostojewski: Mag unser Land arm sein, aber dieses arme Land durchwandert Christus in Bettlergestalt."

Dostojewskis letzte Tage

Über seine letzten Tage lasse ich Dostojewskis Gattin berichten: „Während der ersten Hälfte des Januar 1881 fühlte sich Fjodor Michailowitsch sehr wohl; er besuchte Bekannte und stimmte sogar zu, Anfang des nächsten Monats an einer Theatervorstellung bei der Witwe des Grafen Tolstoi mitzuwirken ... Fjodor Michailowitsch übernahm die Rolle des Einsiedlers im ‚Tod Iwans des Grausamen'.

Die epileptischen Anfälle quälten ihn schon seit drei Monaten nicht mehr, und seine muntere, angeregte Stimmung ließ uns alle hoffen, der Winter werde glücklich vorbeigehen ...

Sonntag, den 26. Januar, hatten wir viele Gäste ... Er war, wie alle Gäste bemerkten, gesund und wohlgemut und nichts ließ ahnen, was sich schon in einigen Stunden ereignen sollte.

Am Morgen des 27. Januar, als ich wie gewöhnlich um ein Uhr zu ihm ins Arbeitszimmer kam, erzählte er mir, es sei ihm nachts ein kleiner Zwischenfall passiert; sein Federhalter war auf den Boden gefallen und unter die Etagere gerollt. Da er diesen Federhalter liebte und ihn überdies zum Zigarettenstopfen brauchte, hatte er, um ihn zu finden, die Etagere zur Seite geschoben und sich dabei offenbar überanstrengt, so dass plötzlich eine Lungenarterie geplatzt und ein Blutsturz eingetreten war; da er aber nicht viel Blut verloren hatte, legte er dem Vorfall keine Wichtigkeit bei und wollte mich nicht einmal aufwecken. Ich regte mich entsetzlich auf, und ohne Fjodor Michailowitsch ein Wort zu sagen, ließ ich durch den jungen Pjotr, der bei uns angestellt war, Dr. von Bretzel, unsern Hausarzt, sofort zu uns bitten. Zum Unglück war er gerade bei einem Kranken und konnte erst nach fünf Uhr kommen."

Nachdem der Arzt eingetroffen und den Kranken untersucht hatte, beruhigte sich seine Frau etwas. Sie sah, dass es ihrem Mann etwas besser ging. Er unterhielt sich mit den Kindern und blätterte in Zeitungen. Aber plötzlich verschlechterte sich sein Gesundheitszustand wieder. Er erlitt erneut einen Blutsturz. Diesmal verlor er sogar das Bewusstsein. Als er nach einer Weile wieder zu sich kam, bat er Anna Grigorjewna: "Anja, lass bitte sofort einen Geistlichen holen. Ich will beichten und kommunizieren." Seine Frau erfüllte ihm diesen Wunsch, und schon nach einer halben Stunde betrat der Priester das Haus. Ruhig und mit großer Liebenswürdigkeit begrüßte ihn der Kranke. Die beiden blieben allein. Fjodor Dostojewski bekannte seine Sünden, und Vater Megerski sprach ihm die Vergebung zu. Anschließend feierten sie das Heilige Abendmahl. Dann verließ der Geistliche wieder das Haus. Danach ging seine Frau zu ihm und beglückwünschte ihn zum Empfang der heiligen Sakramente. Dostojewski ließ auch die Kinder zu sich bitten, segnete seine Frau und die lieben Kleinen und gab ihnen gute Wünsche für die Zukunft auf den Weg. Ihm war es ein Anliegen, dass die Familie in herzlicher Liebe und im Frieden miteinander verbunden bliebe. Dann schickte er die Kinder wieder aus dem Wohnzimmer. Er wollte mit seiner Frau ganz allein sein. Sehr herzlich und innig bedankte er sich bei ihr für alle Treue und Liebe, die er durch sie in all den Ehejahren empfangen habe. Zugleich aber bat er auch um Verzeihung, wenn er sie irgendwie verletzt oder bekümmert haben sollte.

Der nächste Tag verlief ohne Komplikationen. Der Kranke ließ wieder seine Kinder ans Bett rufen und unterhielt sich im Flüsterton mit ihnen.

Die Nachricht von der Erkrankung des großartigen Dichters hatte sich in Windeseile im ganzen Ort herumgesprochen. Ständig läuteten Besucher an der Türglocke und wollten wissen, wie es dem Kranken erginge. Briefe und Telegramme trafen in großer Zahl ein. Die freundliche Anteilnahme erfreute den Dichter. Aber Besucher konnte er nicht empfangen, das hatte der Arzt verboten. Anna Grigorjewna wich nicht von seiner Seite. Sie berichtet über die letzten Stunden:

„'Nun, wie fühlst du dich, mein Teurer?' fragte ich, mich zu ihm beugend. ‚Weißt du, Anja', sagte mir Fjodor Michailowitsch halb flüsternd, ‚ich schlafe schon seit drei Stunden nicht und denke fortwährend nach, aber erst jetzt ist es mir klar zum Bewusstsein gekommen, dass ich heute sterben werde.'

‚Mein Teurer, warum glaubst du das?' sprach ich furchtbar erregt; ‚du fühlst dich jetzt besser, hast keinen Blutverlust, wahrscheinlich hat sich ein Pfropfen gebildet, wie Professor Koschlakoff sagte. Quäle dich um Gottes willen nicht mit solchen Gedanken! Du wirst noch lange leben, glaube es mir doch!'

‚Nein, ich weiß, dass ich heute sterben muss. Zünde eine Kerze an, Anja, und gib mir das Evangelium.'

Dieses Evangelium hatte Fjodor Michailowitsch in Tobolsk, unmittelbar bevor er zum Antritt der Zwangsarbeit abreiste, von den Dekabristenfrauen P.E. Annenkoff, deren Tochter Olga Iwanowna, N. D. Murawjoff-Apostel und Vonvisin geschenkt bekommen. Sie hatten bei dem Aufseher des Zuchthauses die Erlaubnis zum Besuch der politischen Verbrecher erbeten und eine Stunde bei ihnen verbracht. Sie hatten sie auf dem neuen Weg gesegnet, bekreuzigt und beschenkt. Fjodor Michailowitsch hatte sich von diesem heiligen Buch in all den vier Jahren seiner Gefangenschaft in Sibirien nicht getrennt. Später lag es immer auf seinem Schreibtisch und oft, wenn er über etwas im Zweifel war und keine Entscheidung treffen konnte, öffnete er unvermittelt dieses Buch und las, was auf der zuerst aufgeschlagenen linken Seite stand. Und auch jetzt wollte Fjodor Michailowitsch das Evangelium befragen. Er schlug es auf und bat mich, ihm vorzulesen: Evangelium Matthäus 3, 14-15: ‚Aber Johannes wehrte ihm und sprach: Ich bedarf wohl, dass ich von dir getauft werde, und du kommst zu mir? Jesus aber antwortete ihm und sprach zu ihm: Halte mich nicht zurück! Denn es geziemt uns, das Wort des Herrn zu erfüllen. Da tat er nach seinem Willen'.

‚Hörst du, halte mich nicht zurück, folglich sterbe ich', sagte mein Mann und schloss das Buch.

Ich konnte meine Tränen nicht mehr zurückhalten. Fjodor Michailowitsch versuchte mich zu beruhigen und zu trösten, sagte mir zärtliche Worte und dankte mir für die glückliche Zeit, die er mit mir verlebt habe. Er legte mir die Kinder ans Herz und sagte, er vertraue mir und hoffe, ich werde sie immer lieben und für sie sorgen. Dann sprach er zu mir einige Worte, die nur sehr wenige Männer von ihren Frauen nach vierzehnjähriger Ehe sagen können: ‚Vergiß nicht, Anja, dass ich dich immer innig geliebt und dich niemals, auch nicht in Gedanken, betrogen habe.'

Seine herzlichen Worte rührten mich in tiefster Seele, beunruhigten mich aber auch sehr, da ich fürchtete, jede Gemütsbewegung könnte ihm schaden. Ich flehte ihn an, nicht an den Tod zu denken, uns durch seine Besorgnisse nicht zu ängstigen, bat ihn, sich auszuruhen und einzuschlafen. Er folgte mir und redete nicht mehr, aber sein friedliches Gesicht gab mir zu verstehen, dass der Gedanke an den Tod ihn nicht mehr verließ und der Übergang in die andere Welt nichts Schreckliches für ihn hatte. Gegen neun Uhr morgens schlief Fjodor Michailowitsch ruhig ein, ohne meine Hand aus der seinen zu lassen. Ich saß regungslos da, denn ich fürchtete seinen Schlaf zu stören. Um elf Uhr aber erwachte er plötzlich, richtete sich auf, und es erfolgte wieder ein Blutsturz. Ich war in äußerster Verzweiflung, wiewohl ich mich bemühte, ruhig zu scheinen; ich versicherte meinem Mann, er habe nur wenig Blut verloren und es werde sich wie vorgestern wahrscheinlich wieder ein Pfropfen bilden. Als Antwort auf meine beruhigenden Worte schüttelte Fjodor Michailowitsch traurig den Kopf, wie wenn er vollkommen überzeugt wäre, dass seine Todesahnung heute noch in Erfüllung gehen werde.

Den ganzen Tag verließ ich meinen Mann keinen Augenblick, er hielt meine Hand in der seinen und flüsterte mir zu: ‚Arme ... Teure ... so mittellos lass ich dich zurück! ... Ärmste, wie schwer wirst du zu kämpfen haben ...'

Ich beruhigte ihn und beteuerte, er werde sicher genesen, aber es war klar, dass er selbst keine Hoffnung mehr hatte. Vor allem quälte ihn der Gedanke, dass er die Familie fast mittellos zurücklassen solle.

Einige Male flüsterte er: ‚... ruf die Kinder! ...' Ich erfüllte ihm seinen Wunsch, er zog sie an sich heran, sie küssten ihn und gingen, der Anordnung des Arztes gehorchend, sofort aus dem Zimmer, begleitet vom traurigen Blick ihres Vaters. Zwei Stunden vor seinem Tod ließ Fjodor Michailowitsch das Evangelium seinem Sohn Fedja übergeben ...

Fjodor Michailowitsch lag nun reglos da, die Kinder und ich knieten ihm zu Häupten nieder und weinten ... Ich hielt die Hände meines Mannes und fühlte, wie sein Puls immer schwächer und schwächer schlug. Um acht Uhr achtunddreißig Minuten ist Fjodor Michailowitsch in die Ewigkeit eingegangen ...

Als das Ende gekommen war, ließen wir unserer Verzweiflung freien Lauf. Wir weinten, stammelten abgerissene Worte, küssten die Hände und das Gesicht des Toten, dessen Körper noch warm war; das alles schwebt mir jetzt nur mehr unklar vor, doch war ich mir bewusst, dass mein persönliches Leben voll unendlichen Glücks mit diesem Augenblick zu Ende ging und dass ich seelisch verwaist zurückblieb ... In jenen wahrhaft schrecklichen Augenblicken des Scheidens schien mir, als könnte ich den Tod meines Mannes nicht überleben, dass ich einem Herzschlag erliegen oder dem Wahnsinn verfallen müsse ...

Um ein Uhr nachts waren alle Vorbereitungen beendet und der uns teure Dahingegangene lag aufgebahrt in der Mitte seines Arbeitszimmers.

Zu Häupten stand ein Heiligenbild mit brennendem Lämpchen. Das Gesicht des Verschiedenen war ruhig, und es schien, als wäre er nicht gestorben, sondern schliefe lächelnd und träumend von einer ihm jetzt erschlossenen großen Wahrheit."

Auf seinen Grabstein aber ließ man die Worte aus dem Johannesevangelium einmeißeln:

„Wahrlich, wahrlich, ich sage euch: Es sei denn, dass das Weizenkorn in die Erde falle und ersterbe, so bleibt es allein. Wenn es aber erstirbt, so bringt es viel Frucht."

Im Leben Dostojewskis hat sich diese Verheißung erfüllt.

Aus Dostojewskis Werken

„Arme Leute" – sein erster Roman

Sein erster Roman „Arme Leute" ordnete ihn gleich in die Reihe der führenden Schriftsteller ein. Er erhielt gute Kritiken. Die Menschen waren von Dostojewski begeistert. Schon mit vierundzwanzig Jahren standen ihm mit diesem literarischen Werk die Türen zu den intellektuellen Kreisen offen.

An seinen Bruder schreibt Dostojewski, der selbst über die Begeisterung seiner Leser erstaunt war:

> *„Ich glaube, nie wieder in meinem Leben wird mein Ruhm solche Ausmaße erreichen ... Alle empfangen mich wie ein Wunder. Ich habe meinen Mund noch nicht geöffnet, und schon wiederholt man an allen Ecken und Enden: ‚Dostojewski hat dieses, Dostojewski hat jenes gesagt.'"*

Und in einem andern Brief an seinen Bruder heißt es über sein Erstlingswerk:

> *„Das ist ein recht origineller Roman. Ich schreibe ihn gerade ins Reine ... Mit meinem Roman bin ich äußerst zufrieden. Ich kann mich gar nicht genug freuen. Für ihn werde ich gewiss Geld bekommen."*

Doch kurz darauf entschloss sich Dostojewski, den Roman grundlegend zu überarbeiten. Am 24. März 1845 berichtete er seinem Bruder:

> *„Noch im November hatte ich ihn beinahe völlig beendet, doch im Dezember kam mir in den Sinn, ihn ganz und gar umzuarbeiten ... Ich schrieb ihn ab, doch im Februar fing ich wieder an zu korrigieren und zu feilen, Einschübe und Streichungen vorzunehmen. Ungefähr Mitte März war ich fertig und zufrieden."*

Dennoch arbeitete Dostojewski an dem Roman weiter. Am 4. Mai 1845 schrieb er an seinen Bruder:

> *„Dieser Roman, von dem ich mich nicht losmachen kann, hat mir so viel Mühe bereitet, dass ich ihn, hätte ich das geahnt, gar nicht erst begonnen haben würde. Es kam mir in den Sinn, ihn nochmal umzuarbeiten, und das hat ihn, weiß Gott, verbessert; er ist fast doppelt so gut wie zuvor. Doch nun ist er wirklich abgeschlossen, und diese Korrektur war die allerletzte. Ich habe mein Wort gegeben, ihn nicht mehr anzurühren. Das ist das Los aller Erstlingswerke: Man arbeitet sie endlos um."*

Die Reaktion auf sein Wirken lässt erkennen, dass die anderen Dichter ahnten: Eines Tages werden wir von Dostojewski überflügelt. Er ist ein Genie.

Dostojewski wählte bei diesem Werk die Form des Briefromans. In Russland war sie damals sehr beliebt. Liest man diese Zeilen, dann spürt man, wieviel Sorgfalt und Mühe er für die sprachliche Gestaltung des Romans verwandt hat. Er benutzte für große Teile die Sprache des niederen Volkes, und er vermochte so klar und deutlich die Situation des Elends und der Not den Lesern vor die Augen zu malen, dass sie meinten, sie seien in dieses Geschehen miteinbezogen und erlitten alle Widerwärtigkeiten an ihrer eigenen Seele.

So legt Dostojewski seiner Romanfigur Dewuschkin folgende Worte in den Mund:

„Nun, in was für eine Räuberhöhle bin ich geraten, Warwara Alexejewna! Ist das eine Wohnung! Wo ich früher ganz für mich allein gelebt habe, Sie wissen es ja selber, still und friedlich; das Summen einer Fliege konnte man hören. Hier hingegen Lärm, Geschrei, Spektakel! Doch Sie wissen ja noch nicht, wie sich das hier verhält. Stellen Sie sich also einen langen Korridor vor, schmutzig und dunkel. Zur Rechten befindet sich eine durchgehende Wand, während zur Linken Türen sind, nichts als Türen, eine ganze Flucht, wie im Hotel. Ja, und diese Zimmer werden vermietet; man wohnt zu zweit, zu dritt darin. Fragen Sie nicht nach der Ordnung – eine Arche Noah! Aber es scheinen anständige Leute zu sein, alles gebildet und gelehrt ... Unsere Wirtin, eine alte Frau, klein und schmuddlig, läuft den ganzen Tag in Pantoffeln und Schlafrock herum und zankt mit Therese ...
Ich beginne der Ordnung halber ganz vorn, mein Herz. Da wären als erstes die Treppen in unserm Haus – im Vorderaufgang sind sie recht passabel; besonders die Herrschaftstreppe, sie ist sauber, hell und breit, alles Gusseisen und Mahagoni. Dafür dürfen Sie nicht

nach der Hintertreppe fragen – eine Wendeltreppe, feucht, schmutzig, die Stufen schadhaft und die Wände so schmierig, dass die Hand kleben bleibt, wenn man sich dagegen stützt. Auf jedem Treppenabsatz stehen zerbrochene Truhen, Stühle und Schränke, hängen Lappen, sind Fenster ausgeschlagen; da stehen Kübel mit allerlei Unrat, mit Schmutz, mit Kehricht, mit Eierschalen und Fischblasen; der Geruch ist abscheulich ... kurzum, es ist nicht schön."

Und über seinen Arbeitsplatz berichtet er:

„Im Amt saß ich heute da wie ein begossenes Bärlein, wie ein gerupfter Sperling und wäre vor Scham am liebsten vergangen. Wie habe ich mich geschämt, Warenka! Es ist dem Menschen nun einmal peinlich, wenn durch die Ärmel die nackten Ellenbogen schimmern und die Knöpfe nur noch an einem Faden baumeln. Und all das war – als müsste es so sein – bei mir der Fall! Da wird man unwillkürlich mutlos."

Er fasst sein Elend zusammen:

„Jedermann weiß, ein Armer gilt weniger als ein alter Lappen und keiner achtet ihn; was sie auch schreiben, die Federfuchser, was sie auch schreiben! – für den Armen bleibt alles beim Alten. Und warum bleibt es das? Weil, wie sie meinen, bei einem Armen das Innere nach außen gekehrt sein muss; weil er nichts Heiliges haben darf, kein Ehrgefühl, nichts, nichts, nichts!"

Zur Not der Armut kommt noch das Elend der Trunksucht.

So schildert Dewuschkin solch eine Situation:

> *„… Ich habe mich bisweilen selber in solchen Lebenslagen befunden wie beispielsweise dieser Samson Wyrin, der arme Teufel. Ja, und wie viele solcher Samson Wyrins, solcher bedauernswerter Pechvögel, sind unter uns. Und wie gekonnt ist alles geschildert! Mir wären beinahe die Tränen gekommen, mein Herz, als ich las, wie er, der Sünder, sich bis zur Bewusstlosigkeit betrinkt, wie er sich grämt, den ganzen Tag lang unter seinem Schafspelz liegt und schläft, wie er sein Leid im Punsch ertränken will und wie er bitterlich weint und sich die Augen mit den schmutzigen Rockschößen wischt, wenn er an sein verlorenes Schäfchen, an seine Tochter Dunjascha denkt. Ja, das ist naturgetreu!"*

Dostojewski kennt aber noch einen anderen Konflikt, der ihm noch mehr unter die Haut geht, das ist die Macht des Todes. So teilt Dewuschkin seiner Verehrerin ein tragisches Geschick mit:

> *„Gnädiges Fräulein Warwara Alexejewna!*
> *Ich zeige Ihnen an, meine Liebe, dass sich hier im Hause etwas über die Maßen Bedauerliches zugetragen hat, etwas, das tiefstes Mitgefühl erheischt! Heute morgen um die fünfte Stunde ist bei den Gorschkows der kleine Junge gestorben. Ich weiß nur nicht woran, es war wohl Scharlach, weiß der Himmel! Ich habe diese Gorschkows aufgesucht. Ach, mein Herz, diese Armut! Und welche Unordnung!*

Aber das ist kein Wunder – die ganze Familie haust in einem einzigen Zimmer, lediglich um dem Anstand Genüge zu tun, hat man dieses mit ein paar Wandschirmen unterteilt. Ein kleiner Sarg steht auch schon da, ein ganz schlichter, aber recht hübscher Sarg; sie haben ihn fertig gekauft, der Junge war etwa neun Jahre alt; soll Grund zu Hoffnungen gegeben haben. Es dauert einen, wenn man sie sieht, Warenka! Die Mutter weint nicht, sie ist aber so traurig, die Ärmste. Jetzt, da sie der Sorge um eines ihrer Kinder ledig sind, werden sie es wahrscheinlich ein wenig leichter haben; aber ihnen sind ja noch zwei geblieben, ein Säugling und ein kleines Mädchen von etwa sechs Jahren. Es ist in der Tat entsetzlich, wenn man mit ansehen muss, wie ein Kind leidet, dazu noch das eigene, und man kann ihm nicht helfen! Der Vater sitzt in seinem alten, speckigen Frack auf einem zerbrochenen Stuhl. Die Tränen laufen ihm herunter, vielleicht nicht mal vor Kummer, sondern weil er Triefaugen hat. Er ist so sonderbar. Wird immer rot, wenn man ihn anspricht, gerät durcheinander und weiß nicht, was er erwidern soll. Das kleine Mädchen, die Tochter, lehnt am Sarg und schaut so trübselig und grüblerisch drein, das arme Ding! Ich mag das nicht, Warenka, mein Herz, wenn ein Kind grübelt; so ein Anblick trifft mich zutiefst! Eine Stoffpuppe liegt neben ihr am Boden, sie spielt nicht; hält einen Finger an den Mund; steht reglos da. Die Wirtin gab ihr ein Bonbon; sie nahm es, aß es aber nicht. Traurig, Warenka, nicht wahr?"

Neben der einfachen Sprache, die das niedere Volk spricht, enthält dieser Roman auch Passagen, in denen die poetische Redeweise zum Ausdruck kommt. Der Kontrast bringt so erst recht beide Sprachformen zur Geltung und macht Dostojewskis dichterisches Können deutlich. Wunderbare Naturbeschreibungen gelingen ihm:

> *"Doch heute war ein frischer, klarer, strahlender Morgen, wie sie hierzulande im Herbst selten sind, er hat mich neu belebt, und ich habe ihn voll Freude begrüßt. Es ist also schon Herbst! Wie habe ich den Herbst auf dem Lande geliebt! Ich war noch ein Kind, aber auch damals schon sehr empfänglich. Den Herbstabend liebte ich mehr als den Morgen. Ich weiß noch, zwei Schritte von unserm Haus entfernt lag am Fuß eines Hügels ein See. Dieser See – ich habe ihn jetzt förmlich vor Augen – dieser See war groß, hell und klar wie Kristall! Manchmal, an stillen Abenden, lag er ganz ruhig; an den Bäumen am Ufer regte sich kein Blatt, und das Wasser war spiegelglatt. Diese Frische, diese Kühle! Tau netzt das Gras, in den Bauernhäusern am See leuchten Lichter auf, eine Herde wird heimgetrieben – und da schleiche ich heimlich aus dem Haus, um auf meinen See zu schauen, und so manches Mal versinke ich in diesem Anblick. Bei den Fischern brennt dicht am Wasser ein Bündel Reisig, und weit, weit übers Wasser ergießt sich der Schein des Feuers. Der Himmel ist so kalt, so blau und am Horizont feuerrot gestreift, und diese Streifen werden immer blasser; der Mond geht auf; die Luft ist so hellhörig, man vernimmt jeden Laut –*

ob ein aufgestörter Vogel davonflattert, ob das Schilf vom leisen Lufthauch rauscht oder das Wasser plätschert, weil ein Fisch gesprungen ist. Über dem blauen Wasser wallen weiße Schwaden, dünn und durchsichtig. In der Ferne dunkelt es; alles verschwindet im Nebel, doch in der Nähe sind die Umrisse noch scharf, wie mit dem Meißel behauen – ein Boot, das Ufer, die Inseln; ein Fass, am Ufer liegen gelassen und vergessen, schaukelt sanft auf dem Wasser, ein Weidenzweig mit gelben Blättern neigt sich ins Schilf hinab, eine verspätete Möwe kommt geflogen, bald taucht sie ins kalte Wasser ein, bald steigt sie auf und entschwindet im Nebel. Ich schaute und lauschte – und empfand eine wundersame Seligkeit! Dabei war ich noch ein Kind, ein Kind! ...
Ich liebte den Herbst, den Spätherbst so sehr, wenn das Getreide geerntet, die Arbeit getan ist, wenn man in den Bauernhäusern in abendlicher Runde beisammen sitzt und alles schon auf den Winter wartet. Dann wird die ganze Welt düster, dunkle Wolken verhängen den Himmel, gelbe Blätter bedecken die Pfade am kahlen Waldessaum, und der Wald wird blau, wird schwarz – namentlich des Abends, wenn sich feuchter Nebel senkt, in dem die Bäume zu Schemen werden und sich wie Riesen ausnehmen, wie ungestalte, Schreck einflößende Gespenster. Manchmal verspätet man sich auf einem Spaziergang, bleibt hinter den andern zurück, man setzt den Weg allein fort und beeilt sich – es ist so gruselig! Man zittert wie Espenlaub; gib acht, denkt man im Stillen, aus dieser Baumhöhle schaut gleich ein gräuliches Wesen; unterdessen fegt der Wind durch den Wald, er pfeift,

rauscht und heult so kläglich, reißt eine Wolke Blätter von den dünnen Ästen und wirbelt sie durch die Lüfte, und ihnen hinterdrein zieht mit wilden, gellenden Schreien ein langer, breiter Vogelschwarm, er verdunkelt den Himmel und wirft allerwärts Schatten. Es wird unheimlich, und dir ist, als hörtest du eine Stimme, als flüsterte da jemand: ‚Spute dich, Kind, spute dich, Kind!' Grauen erfüllt das Herz, und man läuft und läuft, bis man nach Luft schnappt. Ganz atemlos kommt man nach Hause; da geht es laut und lustig zu; uns Kindern werden Arbeiten zugewiesen – Erbsen enthülsen oder Mohnkapseln ausklopfen. Im Ofen prasselt feuchtes Holz; Mutter beaufsichtigt unser fröhliches Tun; die alte Kinderfrau Uljana erzählt Geschichten aus früherer Zeit oder grauenerregende Märchen von Zauberern und Toten. Wir Kinder schmiegen uns aneinander, und alle lächeln. Plötzlich verstummen wir ... Horch, was ist das? Hat es da nicht gepocht? Aber nein, es ist das Spinnrad der alten Frolowna, das surrt; war das immer ein Heidenspaß! Des Nachts können wir vor Angst nicht schlafen; furchtbare Träume suchen uns heim. Man wird wach, wagt sich noch nicht zu rühren und liegt zitternd unter der Decke, bis der Morgen graut. In der Frühe steht man auf, frisch wie eine Blume. Man schaut zum Fenster hinaus – Frost bedeckt Wald und Flur; feiner Herbstreif hängt an den kahlen Zweigen; hauchdünnes Eis überzieht den See; weißer Dampf steigt von ihm auf; munter zwitschern die Vögel. Weit und breit scheint hell die Sonne, und ihre Strahlen brechen das dünne Eis wie Glas. Helle, Licht und Frohsinn! Im Ofen prasselt wieder das Feu-

> *er; wir sitzen alle um den Samowar, und zum Fenster herein schaut Polkan, unser schwarzer Hund, der über Nacht erbärmlich gefroren hat, und wedelt freundlich mit dem Schwanz. Draußen reitet auf einem munteren Pferdchen ein Bauer vorüber, ins Holz. Alle sind so froh, so zufrieden! ... Ach, was für eine goldene Kindheit habe ich erlebt! ..."*

Man könnte sich an dieser Dichtung berauschen, wenn man diese Schilderungen auf sich wirken lässt. Aber Dostojewskis Erstlingswerk löste zwiespältige Beurteilungen aus. So schrieb der Dichter an seinen Bruder:

> *„Ach Bruder, mit welch erbittertem Geschrei wurde es aufgenommen. Es sind die fürchterlichsten Debatten entstanden. Sie zetern, zetern und zetern, aber sie lesen dennoch. Ich habe ihnen eine harte Nuss zu knacken gegeben! Sollen sie sich die Zähne daran ausbeißen – mir verhelfen die Dummköpfe damit zu Ruhm. Sie begreifen nicht, wie ich einen solchen Stil schreiben kann."*

Doch die positiven Stimmen überwogen. So teilte der Dichter seinem Bruder mit:

> *„Stell dir vor, die Unsrigen und sogar Belinski finden, ich sei selbst über Gogol hinausgegangen."*

Voller Stolz verkündete er:

> *„Ich habe eine höchst glänzende Zukunft vor mir, Bruder!"*

Der Roman schildert die Begegnung zweier Menschen, die Liebe und Hingabe füreinander empfinden. Zunächst entwickelt sich ihre Beziehung in harmonischer Weise. Dewuschkin, ein kleiner Beamter aus der Stadt Petersburg, lebt in äußerst ärmlichen Verhältnissen. Er muss zwar nicht am Hungertuch nagen, aber sein Leben ist doch von Not und Entbehrung gezeichnet.

Warwara, die zweite Hauptfigur, ist eine entfernte junge Verwandte. Früh hat sie ihre Eltern verloren. Sie soll von einer Tante mit dem reichen Gutsbesitzer Bykow verkuppelt werden, flieht aber von der Tante und vertraut sich Dewuschkin an.

Interessant ist ihr Lebensablauf, und so lohnt es sich näher auf die Kindheit einzugehen, die uns in diesem Roman geschildert wird. Sie wird von Glück, Freiheit und großer Freude überstrahlt. So erzählt Warwara:

„Ich zählte erst vierzehn Jahre, als mein Vater starb. Die Kindheit war meine glücklichste Zeit. Sie begann nicht hier, sondern weit weg, in der Provinz, an einem abgelegenen Ort. Vater war Verwalter auf den riesigen Ländereien des Fürsten P. im Gouvernement T. Wir wohnten in einem der Dörfer des Fürsten und führten ein stilles, bescheidenes, glückliches Leben. ... Ich war ein mutwilliges Ding; meist tat ich nichts anderes als Felder, Gehölze und den Garten zu durchstreifen, und niemand kümmerte sich um mich. Vater ging allezeit seiner Arbeit nach, Mutter besorgte die Wirtschaft; ich genoss keinerlei Schulunterricht und freute mich darüber. Meist lief ich schon in aller Frühe los – zum Teich, in den Wald, zur Heuernte oder zu den Schnittern, und es störte

mich nicht, dass die Sonne glutheiß herniederbrannte, dass ich mich auf meinen Streifzügen wer weiß wie weit vom Dorf entfernte, dass mich das Buschwerk zerkratzte und mein Kleid manchen Riss davontrug – zu Hause setzte es zwar Schelte, indes ich kehrte mich nicht daran.
Und mich dünkt, ich wäre immer glücklich gewesen, hätte ich auf dem Lande bleiben und am selben Ort wohnen können. Doch ich musste schon als Kind die Heimat verlassen. Ich war erst zehn Jahre alt, als wir nach Petersburg zogen. Ach, mit welcher Wehmut denke ich an unsere traurigen Reisevorbereitungen! Wie weinte ich, als ich von allem scheiden musste, was mir so lieb gewesen. Ich erinnere mich, ich warf mich meinem Vater an die Brust und beschwor ihn unter Tränen, wir möchten wenigstens noch ein Weilchen auf dem Lande bleiben. Vater fuhr mich barsch an, Mutter weinte; sie sagte, es müsse sein, die Umstände geböten es. Der alte Fürst P. war gestorben, und die Erben hatten Vater die Stellung gekündigt. Vater hatte eine gewisse Geldsumme bei Petersburger Privatleuten angelegt. Da er hoffte, seine Verhältnisse ordnen zu können, hielt er seine persönliche Anwesenheit für unbedingt erforderlich. All das habe ich später von Mutter erfahren. Wir bezogen hier auf der Petersburger Seite Quartier und bewohnten es bis Vaters Tod.
Wie schwer fiel es mir, mich an das neue Leben zu gewöhnen! Wir kamen zur Herbstzeit nach Petersburg. Es war ein so lichter, warmer, sonniger Tag, als wir das Dorf verließen; die Feldarbeiten näherten sich dem Ende; in den Scheuern türmte sich das Getreide

und tummelten sich Vogelscharen; alles war so hell und heiter gewesen, als wir hier in Petersburg eintrafen – Regen, mit Reif überzogener Herbstmoder, Schlackerwetter, und eine Unzahl neuer Gesichter, ungastlich, unzufrieden, böse! Recht und schlecht richteten wir uns ein. Ich weiß noch, wie wir alle uns emsig sorgten und schafften, um den neuen Hausstand zu begründen. Vater war immerzu unterwegs, und Mutter hatte keine ruhige Minute – mich vergaßen sie völlig. Am nächsten Morgen, nach der ersten Nacht in der neuen Wohnung, gab es für mich ein trauriges Erwachen. Unsere Fenster schauten auf einen gelben Zaun. Draußen war es immerzu schmutzig. Passanten kamen selten vorbei, alle dick vermummt, jedermann fror."

Was Warwara über ihren Vater schreibt, erinnert den Leser an den Vater des Dichters selbst, von dem Dostojewski sagt, dass er meist übelgelaunt, mürrisch und zornig war. So lesen wir:

„Ich wandte meine ganze Kraft daran, zu lernen und dem Vater alles recht zu machen. Denn ich sah, er gab das Letzte für uns hin und plagte sich weiß Gott wie. Von Tag zu Tag wurde er finsterer, unzufriedener und böser, sein Wesen hatte sich vollends zum Schlechten gewandelt – die Geschäfte schlugen fehl, die Schulden wuchsen ins Unermessliche. Mutter weinte nicht und sprach kein Wort – aus Angst, sie könnte Vaters Unmut erregen; sie war leidend geworden; sie magerte ab und hatte einen üblen Husten. Wenn ich aus dem Pensionat kam, sah ich nur trüb-

selige Mienen; Mutter weinte still in sich hinein, Vater war verärgert. Nun hagelte es Vorhaltungen, Verweise. Vater begann, er habe an mir keinerlei Freude, keinerlei Trost; sie sparten sich das Letzte vom Munde ab, aber ich könnte immer noch nicht Französisch; kurzum, alles Missgeschick, alles Ungemach, alles wurde mir und Mutter zur Last gelegt. Wie konnte er die arme Mutter nur so quälen! Wenn ich sie so anschaute, wollte mir manchmal das Herz brechen – hohl die Wangen, die Augen eingesunken, das Gesicht von so schwindsüchtiger Blässe ...

Sorgen, Kümmernisse und Fehlschläge peinigten den armen Vater aufs Äußerste, er wurde misstrauisch und griesgrämig; oft war er der Verzweiflung nahe, er achtete nicht auf seine Gesundheit, erkältete sich und war mit einem Mal krank; er brauchte nicht lange zu leiden – er verschied so jäh, so unerwartet, dass wir alle tagelang völlig fassungslos waren von dem Schlag. Mutter verfiel in eine Art Starre; ich fürchtete sogar um ihren Verstand. Kaum war Vater gestorben, suchten uns ganze Scharen von Gläubigern heim, die förmlich aus dem Erdboden wuchsen. Was wir besaßen, gaben wir hin. Auch unser Häuschen auf der Petersburger Seite, das Vater ein halbes Jahr nach unserm Umzug gekauft hatte, wurde veräußert. Ich weiß nicht, wie alles andere geregelt wurde, aber am Ende hatten wir kein Dach mehr über dem Kopf, keine Zufluchtsstätte, nichts zu essen. Mutter litt an einer auszehrenden Krankheit, wir konnten uns nicht selbst ernähren, hatten nichts zum Leben, uns drohte das Verderben. Ich war damals gerade vierzehn Jahre alt geworden ...

Doch Mutter hatte ihre Gesundheit bei der Arbeit vollends eingebüßt, mit jedem Tag schwand ihre Kraft. Wie ein Wurm nagte die Krankheit an ihrem Leben und brachte sie dem Grab immer näher. Ich sah alles mit an, fühlte alles, durchlitt alles; dies alles hatte ich vor Augen! ... Doch der Tod stand schon hinter meiner armen Mutter!"

In dem Bild von Warwaras Mutter könnte uns auch die Mutter von Dostojewski entgegenblicken, denn auch sie hat sehr unter ihrem Mann gelitten, ist auch an Schwindsucht erkrankt und hat früh ihre Kinder als Waisen zurücklassen müssen.

Nach all den notvollen Erfahrungen kommt Warwaras Leben wieder in normale Gleise. Sie lernt Dewuschkin kennen, der in einem Hinterhof gerade ihr schräg gegenüber wohnt. Dieser entfernte Verwandte wird ihr zu einem väterlichen Freund, ja er wirbt um sie mit warmherzigen, zart empfindenden Worten. Warwara ist sich zunächst der großen Liebe gar nicht bewusst und sieht in ihm mehr einen Gönner und Beschützer als einen Liebhaber. Und dann geschieht etwas, das Dewuschkin nicht fassen kann. Er leidet ungemein und geht daran fast zugrunde. Warwara heiratet einen ganz anderen.

So schreibt Ludolf Müller in seinem Buch „Dostojewski" Folgendes:

„Als der gleiche Bykow, der Warwara die Ehre geraubt hat, vor dem sie mit Entsetzen geflohen ist, nun um sie freit mit dem klaren Eingeständnis, dass er sie nur brauche als Gegenstand sinnlicher Lust und zur Erzeugung eines gesetzlichen Erben, folgt sie ihm, geht sie aus der Obhut des liebenden Onkels in den seelischen Untergang an der Seite des rohen Gatten.

So ist es nicht nur das Thema der Armut, das hier behandelt wird, sondern neben ihm steht ein zweites, sehr kompliziertes, ein psychologisches Problem: Warwara folgt nicht nur aus Armut dem ungeliebten Mann, sondern auch aus anderen Gründen, wobei nicht recht klar wird, ob sie durch jene erste Begegnung in eine Art sexueller Hörigkeit geraten ist oder ob er einfach die stärkere Persönlichkeit ist: ‚Herr Bykow ruft mich', so schreibt sie und folgt diesem Ruf."

Von einem Tag auf den andern wurde der Schriftsteller durch diesen Roman bekannt. Das Buch stärkte sein dichterisches Selbstbewusstsein. Mutig ging er auf sein nächstes Werk zu.

Diese kurzen Einblicke mögen genügen, um dem Leser das Können des großen Schriftstellers vor Augen zu führen und ihn neugierig zu machen auf das Werk „Arme Leute".

Der Roman „Helle Nächte"

1848 erschien Dostojewskis Roman „Helle Nächte". Hier wird uns die Geschichte eines Menschen geschildert, der einer schönen jungen Frau begegnet, aber erkennen muss, dass sie schon vergeben ist. Der folgende Abschnitt gibt uns einen Einblick in dieses Werk:

„Es ist etwas unerklärlich Rührendes an unserer Petersburger Natur, wenn sie mit Anbruch des Früh-

lings plötzlich die ganze Macht, die ganze ihr vom Himmel verliehene Kraft hervorkehrt, sie belaubt, sich schön macht, sich mit bunten Blumen schmückt. Sie erinnert mich dann unwillkürlich an ein schwächliches, kränkliches junges Mädchen, das man manchmal mit Bedauern, ein anderes Mal mit mitleidiger Liebe anblickt, ein drittes Mal einfach nicht bemerkt, das aber einem dann plötzlich und unvermutet für einen Moment so unerklärlich und wunderbar schön erscheint, dass man sich unwillkürlich betroffen, ja hingerissen fragt: Welche Macht hat diese nachdenklichen traurigen Augen so freudig aufblitzen lassen? Was hat das Blut in diese blassen, abgemagerten Wangen getrieben? Was hat in diesen zarten Gesichtszügen eine solche Leidenschaft entfacht? Was brachte diese Brust zum Wogen? Was rief auf einmal Kraft, Leben und Schönheit auf dem Gesicht des armen Mädchens hervor, was ließ ein solches Lächeln auf ihm erstrahlen, was gab den Anlass zu diesem funkelnden, sprühenden Lachen? Sie blicken sich um. Sie suchen nach jemand. Sie sind dabei, es zu erraten ... Doch dieser Moment vergeht, und vielleicht schon morgen begegnen Sie wieder dem früheren abwesenden, nachdenklichen Blick, demselben blassen Gesicht, derselben Schüchternheit und Schicksalsergebenheit der Bewegungen, vielleicht bemerken Sie sogar Reue, Spuren von tödlicher Betroffenheit und Verärgerung über die Hingabe ... und Sie bedauern, dass diese momentane Schönheit so rasch, so unwiederbringlich erlosch, so trügerisch und unnütz vor Ihnen aufblitzte; Sie bedauern es, weil Sie nicht einmal Zeit fanden, sie liebzugewinnen ...

Und dennoch war meine Nacht schöner als der Tag! Und das kam so:
Ich kehrte sehr spät in die Stadt zurück; es schlug schon zehn, als ich mich meiner Wohnung näherte. Mein Weg führte mich den Uferdamm eines Kanals entlang, auf dem man zu dieser Stunde keine Menschenseele trifft. Ich lebe allerdings in einem sehr abgelegenen Stadtteil. Ich schritt dahin und sang, weil ich, sobald ich glücklich bin, unweigerlich vor mich hin summe – wie jeder glückliche Mensch, der weder Freunde noch gute Bekannte noch sonst jemand hat, dem er sich in einem Augenblick der Freude mitteilen kann. Plötzlich begegnete mir ein völlig unerwartetes Abenteuer.
Etwas beiseite, an das Geländer des Kanals gelehnt, stand eine weibliche Gestalt. Sie war mit dem Ellbogen auf das Gitter gelehnt und blickte anscheinend sehr aufmerksam auf das trübe Wasser. Sie trug einen allerliebsten kleinen gelben Hut und einen hübschen schwarzen Mantel. Ich glaubte ein unterdrücktes Schluchzen zu hören. Ja! Ich hatte mich nicht geirrt. Das Mädchen weinte, und einen Augenblick danach wiederholte sich das Schluchzen mehrmals. Mein Gott! Das Herz zog sich mir krampfhaft zusammen. Ich bin sonst dem weiblichen Geschlecht gegenüber recht schüchtern, aber das war ein derartiger Augenblick! ... Ich wandte mich um und trat zu ihr hin."

Verschafft uns nicht diese Schilderung Lust, diese Liebesgeschichte weiter zu lesen? Sie ist in einem heiteren, lyrisch fröhlichen Grundton geschrieben.

„Aufzeichnungen aus einem toten Haus"

Wie schon berichtet, war für Dostojewski die Zeit in Sibirien sehr belastend, und in seinem Roman „Aufzeichnungen aus einem toten Haus" gibt er einen Einblick in die dortigen Zustände.

Das Lager

„Unser Zuchthaus lag am Rand der Festung gleich hinter dem Festungswall. Da spähst du durch die Zaunritzen hinaus in die Gotteswelt, ob es denn gar nichts zu sehen gibt, und siehst doch nichts als ein winziges Zipfelchen Himmel und den hohen, von Steppengras überwucherten Erdwall, und auf dem Wall patrouillieren auf und ab, bei Tag und Nacht die Wachposten, und dann denkst du daran, wie viele Jahre vergehen werden, und du wirst immer wieder gerade wie jetzt durch die Zaunspalten starren und doch immer wieder nur denselben Erdwall sehen, dieselben Wachtposten und dasselbe kleine Stückchen Himmel, nicht den Himmel über dem Zuchthaus, sondern einen andern, fernen, freien Himmel. Stellen Sie sich einen großen Hof vor, an die zweihundert Schritt lang und hundertfünfzig Schritt breit, der ringsherum, in Form eines unregelmäßigen Sechsecks, von hohen Palisaden umgeben ist – das heißt von einem Zaun aus hohen, tief in die Erde gerammten und seitlich fest aneinandergefügten Pfählen, die noch durch Querbalken verstärkt und oben zugespitzt sind, so haben Sie die äußere Begrenzung des

Zuchthausgeländes. An der einen Seite dieses Zaunes befand sich ein festes Tor, das stets verschlossen und Tag und Nacht bewacht war; es wurde nur bei Bedarf geöffnet, wenn die Sträflinge zur Arbeit auszogen. Draußen vor diesem Tor lag die lichte, freie Welt, dort lebten Menschen wie alle andern. Diesseits des Zaunes jedoch erschien einem jene Welt draußen wie ein unwirkliches Märchenland. Diesseits lag eine eigene besondere Welt, die nichts gemein hatte mit irgendetwas anderem; hier galten eigene, besondere Gesetze, hier trug man eine besondere Tracht, hatte eigene Sitten und Gebräuche, es war ein lebendiges Totenhaus, ein Leben wie nirgend sonst auf der Welt; auch die Menschen darin waren besondere Menschen. Diesen ganz besonderen Winkel also will ich zu beschreiben versuchen.

Hat man die Umzäunung durchschritten, so erblickt man vor sich mehrere Gebäude. Auf beiden Seiten des breiten Innenhofes erstrecken sich zwei lange, einstöckige, roh behauene Blockhütten. Das sind die Kasernen. Hier hausen nach Sträflingsklassen aufgeteilt die Arrestanten. Weiter hinten steht eine ebensolche Blockhütte: die Küche, aufgegliedert in zwei Abteilungen; und schließlich gibt es da noch ein Gebäude, unter dessen Dach Keller, Speicher und Schuppen Platz finden. Die Mitte des Hofes ist frei und bildet einen ebenen, recht geräumigen Platz. Hier müssen die Sträflinge antreten, hier finden Kontrolle und Zählappell statt, und zwar morgens, mittags und abends, mitunter auch öfter, je nachdem, wie misstrauisch die Wachposten sind und wie rasch sie zählen können ...

Da war ein Sträfling, dessen Lieblingsbeschäftigung in freien Stunden darin bestand, die einzelnen Pfähle der Umzäunung zu zählen. Es waren an die fünfzehntausend, er hatte sie alle ganz genau gezählt und kannte jeden einzelnen von ihnen. Jeder Zaunpfahl bedeutete für ihn einen Tag; tagtäglich zog er einen neuen Pfahl ab und konnte so anhand der restlichen Pfähle genau übersehen, wie lange er bis zur Verbüßung der Strafe noch im Zuchthaus zubringen musste. Er war jedesmal herzlich froh, wenn er am Ende einer Seite des Sechsecks angekommen war. Noch manches Jahr hatte er vor sich; aber im Zuchthaus hat man genügend Zeit, sich in Geduld zu üben. Ich war einmal Zeuge, wie ein Sträfling sich von seinen Mitgefangenen verabschiedete, der zwanzig Jahre Zwangsarbeit verbüßt hatte und jetzt endlich in die Freiheit zurückkehrte. Einige waren dabei, die konnten sich noch erinnern, wie er ins Zuchthaus eingeliefert worden war, jung, unbekümmert, ohne sich über sein Verbrechen oder die Strafe Gedanken zu machen. Er verließ das Zuchthaus als alter, weißhaariger Mann mit finsterem, verhärmten Gesicht. Schweigend wanderte er durch alle sechs Kasernen. In jede trat er ein, betete vor den Ikonen, verneigte sich zum Abschied tief vor seinen Gefährten und bat sie, seiner nicht im Bösen zu gedenken ... Ja, an diesem Ort konnte man Geduld lernen ...

Heute begreife ich nicht, wie ich zehn Jahre darin ausgehalten habe. Meine Pritsche bestand aus drei Brettern, das war der ganze Platz, der mir zur Verfügung stand ... Im Winter wurden wir schon frühzeitig eingeschlossen; dann dauerte es noch an die vier

Stunden, bis alle eingeschlafen waren. Und bis dahin wüster Lärm, lautes Gelächter, Schimpfen, Kettenklirren, Qualm und Ruß, geschorene Köpfe, gebrandmarkte Gesichter, zerlumpte Kleider, lauter ehrlose verworfene Gesellen ... ja, der Mensch ist zäh! Der Mensch ist ein Wesen, das sich an alles gewöhnt; mir scheint, das ist die beste Definition, die man geben kann ... Besonders widerlich waren mir die Läuse, die ich hin und wieder in diesen Schlafröcken aufstöberte, große fette Biester. Die Gefangenen machten ihnen mit wahrer Wollust den Garaus, und wenn so ein Untier unter dem dicken, plumpen Nagel eines Gefangenen knackte, konnte man allein am Gesicht des Jägers ablesen, welches Vergnügen ihm das bereitete. Auch bei uns konnte man diese Läuse auf den Tod nicht ausstehen, und zuweilen eröffnete der ganze Saal an langen Winterabenden einen Vernichtungsfeldzug gegen sie ...

Ich erinnere mich, wie ich das Zuchthaus betrat. Es war an einem Dezemberabend. Es dämmerte bereits; die Gefangenen kehrten von der Arbeit zurück und machten sich zum Appell bereit. Endlich schloss mir ein bärtiger Unteroffizier die Tür auf, in diesem sonderbaren Haus, in dem ich so viele Jahre zubringen, so viele Dinge erleben sollte, von denen ich, hätte ich sie nicht wirklich erlebt, nicht die leiseste Ahnung gehabt haben würde. So hätte ich beispielsweise nie geahnt, wie furchtbar und qualvoll es sein würde, dass ich die ganzen zehn Jahre meines Zuchthausaufenthaltes keine Minute allein sein konnte. Bei der Arbeit stets unter Bewachung, im Zuchthaus immer mit zweihundert Leidensgefährten zusammen und

*niemals, kein einziges Mal allein! Übrigens war dies nicht das Einzige, an das ich mich gewöhnen musste!
...
Fast alle Sträflinge redeten nachts und phantasierten im Schlaf. Schimpfworte, Ausdrücke aus der Gaunersprache kamen ihnen dabei am häufigsten über die Lippen, auch Messer und Beile spielten in diesen Phantasien eine große Rolle. ‚Wir sind ein geprügelter Haufe'', sagten sie, ‚uns haben sie schon die Eingeweide rausgeprügelt, darum schreien wir auch bei Nacht.'
In Tobolsk habe ich Schwerverbrecher gesehen, die an die Wand angeschmiedet waren. So einer liegt an einer etwas über zwei Meter langen Kette, daneben hat er seine Pritsche. Sie waren für irgendeine außergewöhnlich scheußliche Untat, die sie bereits in Sibirien begangen hatten, in Ketten gelegt worden. So sitzen sie fünf oder auch zehn Jahre. Meistens handelt es sich dabei um Räuber und Banditen. Nur einer unter ihnen schien aus besserem Hause zu stammen, er hatte irgendwo einmal als Beamter gedient. Er redete leise und lispelnd mit einem süßlichen Lächeln. Er zeigte uns seine Kette, demonstrierte, wie man sich damit so bequem wie möglich auf der Pritsche hinlegen konnte ... Alle diese Unglücklichen verhalten sich sehr friedlich und scheinen sich mit ihrem Los abgefunden zu haben. Dabei hat jeder von ihnen nur den einen Wunsch, seine Zeit so schnell wie möglich abzusitzen. Wozu denn? möchte man fragen. Nun, dann kann er wenigstens die dumpfige, muffige Zelle mit den niedrigen aus Ziegelstein gemauerten Bögen hinter sich lassen und sich im Hof*

des Zuchthauses ergehen ... das ist alles. Aus dem Zuchthaus kommt so einer doch sein Lebtag nicht wieder frei. Er weiß nur zu gut, dass alle, die einmal in Ketten gelegen haben, für alle Zeiten, bis zu ihrem Tode, im Zuchthaus verbleiben, und zwar in Fußketten. Er weiß das sehr wohl, und doch ist er durchdrungen von dem einen Wunsch, die Zeit als Kettensträfling so bald wie möglich hinter sich zu bringen. Wie könnte einer es sonst aushalten, fünf oder sechs Jahre lang in Ketten geschmiedet zu verbringen, ohne zu sterben und den Verstand zu verlieren? Wie könnte ein Mensch so etwas überhaupt ertragen?"

Die erste Nacht

Nie mehr hat Dostojewski seine erste Nacht in der Katorga vergessen können. Er schildert sie lebhaft in seinem Roman:

„Dies alles nahm ich an diesem ersten trostlosen Abend meines neuen Lebensabschnitts nur undeutlich wahr, ich sah es durch Qualm und Ruß, unter Gezänk und unaussprechlich zynischen Reden, in Gestank und beim Klirren der Ketten, unter Flüchen und schamlosem Gelächter. Ich streckte mich auf die kahle Pritsche, legte mir meinen Anzug unter den Kopf (ein Kissen besaß ich noch nicht), deckte mich mit meinem Pelz zu, fand aber noch lange keinen Schlaf, so zerquält und zerschlagen ich auch war von all den ungeheuerlichen und unerwarteten Eindrücken dieses ersten Tages. Dabei hatte mein neues Leben gerade

erst begonnen. Vieles lag noch vor mir, an das ich selbst im Traum nie gedacht, das ich nie zuvor hätte erraten können."

Die hygienischen Zustände waren katastrophal. Der Fußboden bestand nur noch aus verfaulten Brettern. Überall lag der Abfall zollhoch herum. Flöhe, Läuse und Wanzen trieben mit den Gefangenen ein böses Spiel und saugten sich an ihrer Haut fest. Im Sommer herrschte drückende Hitze, und im Winter tropfte das Nass von der Decke. An den Fensterscheiben bildeten sich dicke Eisschichten. Es gab keine Strohsäcke oder Decken, auf denen die Häftlinge hätten schlafen können. So lagen sie auf bloßen Holzdielen.

Das Baden vor Weihnachten

Aufschlussreich ist auch das Baden, das den Gefangenen vier Tage vor Weihnachten erlaubt wurde.

"In der Stadt gab es nur zwei öffentliche Bäder. Das eine wurde von einem Juden unterhalten, es hatte Einzelkabinen, kostete bis zu fünfzig Kopeken pro Kabine und war hochgestellten Personen vorbehalten. Das andere Bad war vorwiegend für das niedere Volk bestimmt, es war baufällig, schmutzig und eng; in dieses Bad wurden wir Gefangenen geführt. Es war ein kalter, sonniger Tag; die Sträflinge freuten sich schon über die Gelegenheit, aus der Festung herauszukommen und einen Blick auf die Stadt tun zu können. Witzeleien und Gelächter wollten unterwegs

nicht verstummen. Ein Zug Soldaten eskortierte uns mit geladenem Gewehr, zum jubelnden Staunen allen Volkes ... Ich gab Petrow ein paar Kopeken, um Seife und Bastwisch zu besorgen; den Gefangenen wurde zwar von der Zuchthausverwaltung Seife zugeteilt, aber pro Kopf nur ein winziges Stückchen, nicht größer als ein Zweikopekenstück, und so dick wie das Käsescheibchen, das bei Angehörigen des Mittelstandes als Nachspeise zum Abendessen gereicht wird ... Jedem Sträfling stand nach Absprache mit dem Bademeister ein Kübel heißen Wassers zu ... Nachdem Petrow mich ausgekleidet hatte, faßte er mich am Arm, denn er hatte bemerkt, wie mühsam ich mich mit den Fußketten vorwärts bewegte ...

Als wir die Tür in die Badestube öffneten, glaubte ich, geradewegs in die Hölle gelangt zu sein. Stellen Sie sich einen Raum vor, zwölf Schritt lang und zwölf Schritt breit, in dem an die hundert Menschen zusammengepfercht waren, auf keinen Fall weniger als achtzig, denn die Sträflinge waren in zwei Gruppen aufgeteilt, und insgesamt waren wir zu zweihundert Mann ins Bad geführt worden. Brodelnde Dampfschwaden, die einem die Augen benebelten, Ruß, Schmutz, drangvolle Enge, dass man nirgends einen Fuß hinsetzen konnte. Ich schrak zurück und wollte kehrtmachen, aber Petrow sprach mir sofort Mut zu. Unter größter Anstrengung zwängten wir uns irgendwie zwischen den Köpfen der auf dem Boden Sitzenden bis zu den Bänken durch, wobei wir sie bitten mussten, die Köpfe einzuziehen, damit wir überhaupt vorbeigelangen konnten. Aber auf den Bänken war jeder Fleck besetzt ... Aber auch unter den Bänken war alles besetzt, auch hier wimmelte es von nackten Menschenleibern. Auf dem Boden war keine Handbreit Platz mehr zu sehen, überall hockten zusammengekrümmt die Sträflinge und bespritzten sich aus ihren Kübeln. Andere standen aufrecht dazwischen, hielten ihre Kübel mit den Händen fest und wuschen sich im Stehen, das schmutzige Wasser floß an ihnen herab auf die geschorenen Köpfe der unter ihnen Sitzenden. Auf dem Schwitzbrett und auf allen zu ihm hinaufführenden Stufenabsätzen saßen zusammengekauert und verkrümmt Sträflinge, die sich wuschen. Aber sie machten keine sehr gründliche Wäsche. Die einfachen Leute waschen sich selten mit heißem Wasser und Seife, sie ziehen ein brühheißes Dampfbad vor und übergießen sich dann mit kaltem Wasser – das ist die ganze Badezeremonie. Auf dem Schwitzbrett hoben und senkten sich gleichzeitig an die fünfzig Badequasten, alle waren wie im Rausch. Jeden Augenblick gab es frischen Dampf. Dies war keine Hitze mehr, dies war die reinste Höllenglut. Und alle diese Menschen brüllten und lachten laut, dazu klirrten die hundert auf dem Boden schleifenden Ketten. Andere, die vorübergehen wollten, verfingen sich in fremden Ketten, stießen an die Köpfe der unten Sitzenden, stürzten hin, fluchten und rissen noch die Sitzenden mit sich. Das Schmutzwasser floss von allen Seiten. Alle waren in einer merkwürdigen berauschten und erregten Stimmung, sie grölten und schrien unaufhörlich ... Hatte einer sein heißes Wasser in Empfang genommen, verschüttete er es über den Köpfen der am Boden Sitzenden, ehe er glücklich an seinen Platz gelangt war. Von Zeit zu

Zeit tauchte das bärtige Gesicht eines Soldaten in der Luke oder der angelehnten Türe auf, das Gewehr hielt er in der Hand, um sich zu vergewissern, dass alles seine Ordnung hatte. Die geschorenen Köpfe und die vom Schwitzen krebsrot angelaufenen Leiber der Sträflinge wirkten noch hässlicher als sonst. Auf einem vom Dampf erhitzten Rücken treten die von Knuten – oder Stockschlägen herrührenden Narben meistens besonders deutlich hervor, und so hatte man den Eindruck, als ob alle diese Rücken mit frischen Wunden bedeckt wären. Entsetzliche Narben! Mir lief ein Schauer den Rücken hinunter, als ich sie sah. Jedesmal, wenn neues Wasser auf die Steine gegossen wurde, quoll der Dampf in dicken, heißen Schwaden durch die ganze Badestube, dann hob alles an, zu johlen und zu schreien. Immer wieder tauchten aus den Dampfwolken die zerschundenen Rücken, die halbgeschorenen Köpfe, die verkrümmten Beine und Arme auf ... Mir kam der Gedanke, dass, sollten wir uns alle miteinander einmal in der Hölle wieder finden, diese der Badestube hier sehr ähnlich sein müsse ..."

Brutale Aufseher

Immer waren die Gefangenen von ihren Aufsehern umgeben. Sie waren oft sehr brutal und schlugen wahllos auf die Männer ein, wenn sie an ihnen etwas auszusetzen hatten. Es herrschte schrankenlose Willkür. Kleine, unbedeutende Vergehen reichten aus, um die Leute auspeitschen zu lassen.

*„An einem Sommertag verbreitete sich in den Gefangenensälen das Gerücht, dass am Abend der berüchtigte Bandit und Deserteur Orlow abgestraft werden solle und man ihn nach der Exekution ins Lazarett einliefern würde. Die kranken Sträflinge waren alle, in Erwartung dieses Orlow, samt und sonders davon überzeugt, dass man ihn grausam zurichten würde.
... Er hatte sich vieler Mordtaten schuldig gemacht und war zum Spießrutenlaufen verurteilt worden. Man schaffte ihn noch am selben Abend ins Lazarett. Im Krankensaal dämmerte es bereits, und man zündete gerade die Lichter an. Orlow war so gut wie besinnungslos, leichenblass, mit dichtem, zerzaustem, pechschwarzem Haar. Sein Rücken war ganz geschwollen und blaurot angelaufen. Die ganze Nacht wurde er von den Sträflingen betreut, sie machten ihm ständig frische Umschläge, drehten ihn von einer Seite auf die andere, flößten ihm Medizin ein, als sei er ein lieber Verwandter, ein Wohltäter. Am andern Tag kam er völlig zu sich und humpelte sogar ein paarmal im Krankensaal auf und ab! Das versetzte mich in Staunen, denn wie elend und zerschunden war er gestern eingeliefert worden! Die Hälfte der ihm zudiktierten Hiebe hatte er auf einmal hinter sich gebracht. Der anwesende Arzt hatte die Exekution erst gestoppt, als er sah, dass ihre Weiterführung den Tod des Deliquenten zur Folge gehabt hätte
...
Die Hilfe der Mithäftlinge für ihren geschlagenen Zimmergenossen beschränkte sich in der Regel auf das häufige und unerlässliche Wechseln eines in kaltes Wasser getauchten Leintuchs oder Hemdes, das man*

auf den zerschundenen Rücken legte, besonders wenn der Abgestrafte selbst nicht imstande war, für sich zu sorgen, und im geschickten Herausziehen der Splitter aus den Wunden, die oft genug von den auf den Rücken zerschlagenen Stöcken darin stecken geblieben waren. Diese letztere Operation ist für den Patienten in der Regel sehr unangenehm. Im Allgemeinen war ich jedoch erstaunt über die bemerkenswerte Geduld, mit der die Deliquenten den Schmerz ertrugen. Wie viele von ihnen habe ich gesehen, zuweilen solche, die unbeschreiblich zusammengeschlagen waren, und doch habe ich kaum einen jemals stöhnen hören! Nur der Gesichtsausdruck wechselte unablässig, er erbleichte, die Augen brannten, der Blick war zerstreut und unstet, die Lippen bebten, so dass der Ärmste sie sich absichtlich fast blutig biss."

Wer über diese Torturen nur liest, wird verstehen, dass Dostojewski schon nach kurzer Zeit mit den Nerven am Ende war. Hinzu kam die entsetzliche Kälte, durch die er sich ein schmerzhaftes Rheumaleiden zugezogen hatte. Außerdem litt er an heftigen Magenstörungen. Epileptische Anfälle machten ihm schwer zu schaffen. Seit seinem ersten Anfall nach dem Tod des Vaters waren ihm Jahre der Ruhe vergönnt gewesen. Nun aber wurde er erneut von Krämpfen geschüttelt. Das Bild, das er früher von den Menschen hatte, veränderte sich. Der Mensch kann eine Bestie sein, sagte er sich, aber er machte auch die Erfahrung des hilfreichen freundlichen Nächsten. So schreibt er an seinen Bruder:

„Selbst unter den Raubmördern habe ich in diesen vier Jahren im Zuchthaus Menschen kennengelernt, wahre Menschen. Glaube mir, es gibt unter ihnen tiefe und schöne Naturen, und es macht mir oft Freude, unter einer rauhen Hülle Gold zu finden."

Trost durch freundliche Menschen

Glücklicherweise gab es im Lager neben den rohen, brutalen Aufsehern auch gebildete, die ihm das Leben erträglicher machten. So wurde er nicht zur Schwerstarbeit in der Ziegelei eingeteilt. Nachdem ihm die Ketten jahrelang die Füße blutig gescheuert und das Gehen zur Qual gemacht hatten, wurden sie ihm wegen guter Führung abgenommen. Manchmal hat ihn der Lagerarzt auch in seine Krankenstation aufgenommen und ihm gute Pflege angedeihen lassen, denn unter diesen erschwerten Lebensbedingungen traten seine Anfälle immer häufiger auf. Dazu hatte wohl auch das grausige Erlebnis der angesetzten, dann aber nicht durchgeführten Hinrichtung auf dem Semjonow Platz beigetragen. Er fand im Lager sogar einen Freund, der durch einen Justizirrtum in diese bedrängende Situation gekommen war.

Die Bibel gibt Hoffnung und Kraft

Aber die entscheidende Hilfe, um in dieser menschenunwürdigen Lage nicht zu verzweifeln, fand er in der Bibel. Sie hat ihn zum Glauben an Christus geführt.

Immer wieder las er das Wort Gottes und schöpfte so Kraft und Hoffnung.

Dostojewski ging auch durch schwerste Anfechtungen. Wahrscheinlich hat auch seine Epilepsie zu dieser Glaubensnot beigetragen. In seinem Roman „Die Dämonen" lässt er die Hauptperson ausrufen:

„*Mich hat Gott mein Leben lang gequält.*"

Und es ist schon bewegend, in seinem Notizbuch die Worte zu lesen:

„*Mein Hosianna ist durch das große Fegefeuer der Zweifel hindurchgegangen.*"

Milde Gaben von frommen und lieben Menschen

Nicht unerwähnt lässt Dostojewski in seinem Roman liebe, fromme, freundliche Menschen. Ohne sie wäre dieser grausige Alltag nicht auszuhalten gewesen. So schreibt er über sie:

„*Schließlich gab es noch eine Einnahmequelle, welche die Gefangenen zwar nicht bereicherte, dafür aber eine ständige Wohltat für sie war. Das waren die milden Gaben. Die oberen Schichten unserer Gesellschaft haben keine Vorstellung davon, wie Kaufleute, Kleinbürger und überhaupt alle einfachen Leute unseres Volkes für die ‚Unglücklichen' sorgen. Solche Almosen werden in einem fast nie versiegenden Strom gespendet, und zwar meistens in Form von Brot, Sem-*

meln oder Kalatschen, viel seltener als Geldgeschenke. Ohne diese Zuwendungen wäre es vielerorts für die Sträflinge, besonders für die noch unter Anklage stehenden, die wesentlich strenger gehalten wurden als die bereits Abgeurteilten, beinahe unerträglich gewesen. Diese Almosen wurden von den Gefangenen gottesfürchtig unter alle aufgeteilt... Ich erinnere mich noch, wie ich zum ersten Mal ein Geldalmosen erhielt. Das war kurz nach meiner Einlieferung ins Zuchthaus. Ich kehrte allein, nur vom Wachposten begleitet, von der Vormittagsarbeit ins Zuchthaus zurück, da kam mir eine Frau entgegen mit ihrem Töchterchen, einem etwa zehnjährigen Mädchen, liebreizend wie ein kleiner Engel. Ich hatte die beiden schon einmal gesehen. Die Mutter war eine Soldatenwitwe. Ihr Mann, ein junger Soldat, war als Untersuchungshäftling ins Lazarett eingeliefert worden und im Gefangenensaal zur selben Zeit gestorben, als auch ich dort krank lag. Frau und Tochter waren bei ihm gewesen, um Abschied von ihm zu nehmen; beide hatten ganz untröstlich geweint. Als das Mädchen mich jetzt sah, wurde es rot, flüsterte der Mutter etwas zu, die blieb auf der Stelle stehen, nestelte aus ihrem Tuch ein Viertelkopekenstück und gab es dem Mädchen. Es lief eilends hinter mir her. ‚Da, du Unglücklicher, nimm die Kopeke um Christi willen‘, rief es, als es mich eingeholt hatte, und schob mir die kleine Münze in die Hand. Ich nahm das Kopekenstück, und das Mädchen kehrte ganz befriedigt zu seiner Mutter zurück. Diese kleine Münze habe ich lange aufbewahrt."

Heiligabend in der Verbannung

Auch an hohen Festtagen wurden die Gefangenen von den Stadtbewohnern nicht vergessen. So erzählt Dostojewski:

„Endlich waren die Feiertage angebrochen. Schon am Heiligabend gingen die Sträflinge kaum noch zur Arbeit ... wer kann wissen, wie viele Erinnerungen beim Feiern eines solchen Festes in den Seelen dieser Ausgestoßenen wach wurden! Es sind Tage der Ruhe nach harter Arbeit, Tage, an denen sich die ganze Familie zusammenfindet. Im Zuchthaus aber konnten diese Erinnerungen nur Qual und Sehnsucht auslösen. Die Achtung vor dem Fest war bei den Sträflingen zu einer eigentümlichen Formalität geworden; nur wenige zechten, alle waren ernsthaft und schienen mit irgendetwas beschäftigt zu sein, wenn auch viele überhaupt nichts zu tun hatten. Aber auch die Müßiggänger und Zecher bemühten sich, eine gewisse Würde zu wahren ... Jedes Gelächter war verpönt ... Diese Stimmung der Gefangenen war bemerkenswert, ja rührend. Abgesehen von der angeborenen Ehrfurcht vor dem hohen Fest spürte der Sträfling unbewusst, dass er durch diese Beachtung des Feiertages gleichsam einen Berührungspunkt hatte zur ganzen übrigen Welt, dass er folglich noch nicht ausgestoßen und verloren war, ein von der Gesellschaft abgetrenntes Glied, dass es auch im Zuchthaus nicht anders zuging als bei andern, anständigen Leuten. So empfanden sie alle, das war ganz offensichtlich und nur zu begreiflich ...

Es war noch nicht ganz hell geworden, da drangen vom Tor schon die ersten Rufe des Gefreiten herüber: ‚Köche her!' Diese Rufe erschollen an die zwei Stunden lang alle paar Minuten. Sie galten den Köchen, die kommen und die Almosen in Empfang nehmen sollten, die von allen Enden der Stadt am Zuchthaustor abgeliefert wurden. Diese Gaben liefen in großer Menge ein, und zwar in Form von Kalatschen, Brot, Quarkkuchen, Eierkuchen, Fladen, Pfannkuchen und anderem Buttergebäck. Ich glaube, es gab keine Kaufmannsfrau oder Kleinbürgerfrau in der Stadt, die nicht von ihrem Backwerk geschickt hätte, um den ‚Unglücklichen' und Gefangenen ein Frohes Fest zu wünschen. Da waren üppige Gaben – Brote aus Butterteig und feinstem Mehl, die in großer Zahl geschickt worden waren. Aber auch sehr armselige Almosen waren darunter – etwa ein kleiner, billiger Kalatsch oder zwei Fladen aus dunklem Mehl, kärglich mit saurem Rahm bestrichen: das war die Gabe des Allerärmsten für die Armen. Alle diese Spenden wurden mit gleicher Dankbarkeit in Empfang genommen, ohne Unterschied zwischen üppigen und kärglichen Gaben, zwischen reichen und armen Spendern. Die Gefangenen, die die Almosen abholten, zogen die Mützen, verneigten sich, wünschten ein gesegnetes Fest und trugen die Sachen in die Küche. Als sich schon ganze Berge von gespendetem Backwerk auftürmten, wurden die Stubenältesten aus jeder Kaserne gerufen, die nahmen dann die Verteilung vor, wobei alle Kasernen gleichmäßig bedacht wurden. Es gab keinen Streit, kein Schimpfen; alles wurde redlich und gleichmäßig geteilt ...

Dabei hörte man keine Einwände, es gab keine Missgunst untereinander; alle waren zufrieden, niemand kam auf den Verdacht, von den Spenden könnte vorher etwas beiseite geschafft oder ungerecht verteilt worden sein ...

Viele Gefangenen beteten bereits, hauptsächlich die Älteren. Von den Jüngeren beteten nur wenige: Sie bekreuzigten sich höchstens beim Aufstehen selbst am Feiertage ...

Unterdessen bereitete man sich in der Militärkaserne auf den Empfang des Geistlichen vor. ... In der Mitte des Raumes hatte man ein mit einem sauberen Handtuch bedecktes Tischchen aufgebaut, darauf hatte man eine Ikone gestellt und das Öllämpchen entzündet. Endlich traf der Geistliche mit Kreuz und Weihwasser ein. Nachdem er vor der Ikone gebetet und gesungen hatte, stellte er sich mit dem Gesicht zu den Gefangenen auf, und alle traten in aufrichtiger Andacht herzu, um das Kreuz zu küssen. Anschließend ging der Geistliche durch alle Kasernen und besprengte sie mit Weihwasser."

Der Alltag kehrt wieder ein

Nach dem Fest trat wieder der Alltag ein mit all seinen Mühen und Beschwernissen. Alle Sträflinge wurden zur Arbeit herangezogen.

Auch in dieser Zeit wurde Dostojewski mit leichteren Arbeiten betraut, da er nicht so viel Kraft besaß. Er half in der Küche und sorgte im Winter, dass der Schnee geräumt wurde. So schreibt er:

"Besondere Freude hatte ich auch am Schneeschaufeln. Dazu wurden wir gewöhnlich nach Schneestürmen eingesetzt, was im Winter oft vorkam. Nach so einem vierundzwanzigstündigen Schneetreiben waren manche Häuser bis zur halben Fensterhöhe eingeschneit, andere fast ganz im Schnee versunken. Wenn dann der Sturm nachgelassen hatte und die Sonne sich zeigte, wurden wir in großen Gruppen – manchmal auch das ganze Zuchthaus – ausgeschickt, um die Schneeverwehungen vor den öffentlichen Gebäuden wegzuräumen. Jeder erhielt eine Schaufel, allen miteinander wurde eine bestimmte, oft sehr umfangreiche Leistung aufgetragen, dass man nur staunen konnte, wie wir sie überhaupt bewältigten, und dann machten sich alle einträchtig an die Arbeit. Der lockere, nur wenig zusammengesunkene und leicht überfrorene Schnee ließ sich mühelos in großen Klumpen wegschaufeln und wurde ringsum verstreut, wobei er noch in der Luft in glitzernden Staub zerstob. Die Schaufel grub sich in die weiße, in der Sonne glitzernde Masse. Die Sträflinge waren bei dieser Arbeit meistens guter Dinge. Die frische Winterluft, die Bewegung feuerte sie an. Alle wurden lustig, man hörte Gelächter, Zurufe, Scherze. Sogar Schneeballschlachten wurden ausgetragen."

"Die Unglücklichen" und ihre Würde

Dostojewski hat neben harten, bedrückenden Situationen auch andere Erfahrungen machen dürfen. So schrieb er in seinen Aufzeichnungen:

„*Es ist allen Strafgefangenen in ganz Russland bekannt, dass die Menschen, die am meisten Mitleid mit ihnen haben, die Ärzte sind. Sie machen niemals einen Unterschied zwischen Verbrechern und anderen Menschen, wie das unwillkürlich fast alle Fernstehenden tun, ausgenommen etwa nur das einfache Volk. Dieses macht dem Sträfling niemals einen Vorwurf wegen seines Verbrechens, mag es auch noch so schrecklich sein, und verzeiht ihm alles um der Strafe willen, die er zu tragen hat, und überhaupt um seines Unglücks willen. Nicht umsonst nennt das ganze niedere Volk in ganz Russland das Verbechen ‚Unglück' und die Verbrecher ‚Unglückliche'. Das ist eine für seine Auffassung höchst bezeichnende Benennung. Sie ist um so bedeutsamer, da sie unbewusst, instinktiv entstanden ist.*"

Mit diesen Aussagen wollte er auf die Menschenwürde anspielen, die auch einem Verbrecher nicht versagt werden darf. Das wird auch in dem folgenden Zitat deutlich:

„*Jeder, wer er auch sei, und wie tief erniedrigt er auch sein mag, verlangt doch, wenn auch nur instinktiv und unbewusst Achtung vor seiner Menschenwürde. Der Sträfling weiß selbst, dass er ein Sträfling, ein Ausgestoßener ist, und kennt seine Stellung dem Vorgesetzten gegenüber; aber durch keine Brandmale, durch keine Fußfesseln kann man ihn zwingen, zu vergessen, dass er ein Mensch ist. Und da er tatsächlich ein Mensch ist, so muss man auch in menschenwürdiger Weise mit ihm umgehen. O Gott, kann doch eine wahrhaft menschliche Behandlung sogar jemanden, bei dem das Ebenbild Gottes längst getrübt und verdunkelt ist, wieder zu einem Menschen machen! Mit diesen ‚Unglücklichen' muss man gerade am allermenschlichsten verfahren. Das ist ihre Freude, ihre Rettung. Ich habe solche gutherzigen, edel denkenden Kommandanten kennen gelernt und habe gesehen, welche Wirkung sie auf diese Erniedrigten hervorbrachten. Ein paar freundliche Worte, und die Sträflinge fühlten sich wie seelisch wiedergeboren. Sie freuten sich wie Kinder und begannen wie Kinder zu lieben."*

Die Realität gibt die besten Beispiele

Viele der Romanfiguren Dostojewskis gehen auf seine Begegnungen mit den Häftlingen im Lager zurück. Rudolf Neuhäuser zählt einige in seinem Nachwort zu Dostojewskis Roman „Erniedrigte und Beleidigte, Aufzeichnungen aus einem toten Hause" auf: „Viele, der in den ‚Aufzeichnungen' geschilderten Häftlinge, dienten Dostojewski später als Vorbilder für seine großen Romane. Einige Beispiele mögen dies zeigen: Der Adlige A. Aristow, den Dostojewski im 5. Kapitel des ersten Teils ausführlich als ‚das abstoßendste Beispiel dafür, wie tief ein Mensch sinken, wie nichtswürdig er werden, bis zu welchem Grad er mühelos und ohne Reue jedwedes sittliche Gefühl in sich ertöten kann', beschreibt, diente ihm als Vorbild für Swidrigailow in ‚Schuld und Sühne'.

Der Vatermörder Dimitrij Iljin, der zehn Jahre unschuldig im Zuchthaus verbrachte, diente Dostojewski als Vorbild für Dimitrij Karamasow, der gleichfalls einem Justizirrtum zum Opfer fällt ...

Der Häftling Alej, das reine, unschuldige Herz, deutet Züge moralischer Vollkommenheit an, wie sie Dostojewski später in Fürst Myschkin (‚Der Idiot') und Aljoscha Karamasow gestaltete.

Der Häftling Kulikow wiederum diente Dostojewski als Vorlage für Fedka in den ‚Dämonen'.

Der Mordversuch eines Häftlings an einem Unteroffizier, der nur deshalb von ihm unternommen wurde, um eine größere Strafe und damit Leid auf sich zu nehmen, scheint Dostojewski besonders beeindruckt zu haben. In der Selbstbezichtigung des Hausmalers Dementjew und in den Worten Porfirij Petrowitschs hat Dostojewski gleich zweimal in einem Werk (‚Schuld und Sühne') darauf Bezug genommen."

Die Frage nach Gott

Hier im Lager brach bei Dostojewski die Frage nach dem Glauben an Gott auf. In seinem Roman gibt er seine Erfahrungen in einer Szene wieder. Ein Doppelmörder, Raskolnikow mit Namen, muss in Sibirien seine Schuld abbüßen. Eines Tages greifen ihn die übrigen Gefangenen an.

> *„Alle fielen plötzlich wütend über ihn her. ‚Du bist gottlos! Du glaubst nicht an Gott!' schrien sie ihm zu. ‚Dich sollte man erschlagen!'"*

In diesen kurzen Sätzen schildert Dostojewski seine eigene Not, seine Zweifel. Auch wenn er im Lager mit rohen Häftlingen die Stube teilen muss, entdeckt er doch noch bei ihnen einen Funken göttlichen Lebens. In seinem Roman „Aus einem toten Haus", den er nach seiner Entlassung aus der Haft schrieb, gibt es eine wichtige Stelle, die dies bezeugt: Mit einer Gruppe von Männern ist er an der Reihe, sich zum Abendmahl zu rüsten. Dort heißt es:

„In der Kirche blieben wir dicht gedrängt ganz hinten, gleich neben der Tür, stehen, von wo aus wir allenfalls die klangvolle Stimme des Diakons vernehmen und das schwarze Messgewand und die Glatze des Geistlichen aus der Menge auftauchen sehen konnten. Dabei erinnerte ich mich daran, wie ich als Kind in der Kirche manches Mal zu den einfachen Leuten hinübergesehen hatte. Dort, neben der Tür, so hatte ich damals gemeint, betete man nicht wie wir, sondern viel demütiger und inbrünstiger, zur Erde gebückt, im vollen Bewusstsein der eigenen Niedrigkeit. Jetzt war auch mein Platz dort an der Tür, ja ärger noch, wir waren gefesselt und geächtet, von allen gemieden. Die Gefangenen beteten sehr andächtig, und alle spendeten sie jedesmal ihr armseliges Scherflein für eine Kerze oder gaben etwas in die Kollekte. Immerhin bin auch ich ein Mensch, mögen sie dabei gedacht haben oder empfunden haben, vor Gott sind wir alle gleich. Wir empfingen das heilige Abendmahl in der Frühmesse. Als der Geistliche mit dem Kelch in den Händen die Worte sprach ‚Herr, sei mir Sünder gnädig!', warfen sich fast alle mit klir-

renden Ketten zu Boden, bezogen sie doch buchstäblich diese Worte auf sich selbst."

Diese Abendmahlsfeiern während seiner Lagerhaft haben den Dichter tief beeindruckt. Er musste in seinem Werk später darüber schreiben. Dass Jesus die Menschen an seinen Tisch lädt und ihnen Brot und Wein darreicht, bedeutete für ihn eine Stärkung des Glaubens. Diese besonderen Gottesdienste waren für ihn Lichtpunkte in seinem so leidvollen Dasein, und er wusste sich von Christus angenommen.

„Schuld und Sühne"
Dostojewskis großer Roman

Eine Laus oder Napoleon

Zu Dostojewskis großen Romanen gehört „Schuld und Sühne". Hier lässt er den Leser einen Blick in das Seelenleben eines Mörders tun. Der Student Raskolnikow ist ein ungläubiger junger Mensch. Für ihn gibt es keine höhere Instanz. Gott existiert nicht. Der Mensch allein ist Herr über sein Leben und gibt sich seine Gesetze selbst. Wer die Feigheit überwindet und alle Wertmaßstäbe über Bord wirft, stellt sich über den gewöhnlich Sterblichen und wird zu einem Übermenschen. Grenzen sind ihm fremd, und so nimmt sich Raskolnikow die Freiheit heraus, eine alte Frau, die Wucherzinsen kassiert, und ihre Schwester, die zufällig anwesend ist, zu töten. Damit will er, wie er selbst sagt, herausfinden, "ob er eine Laus ist oder ein Napoleon".

In einem längeren Gespräch, das Raskolnikow mit einem Offizier führt, tritt die Haltung des Studenten klar zutage:

> *" ... aber höre, ich muss dir etwas sagen: Ich könnte dieses verdammte alte Weib erschlagen und ausrauben, und ich versichere dir, dass ich das ohne die geringsten Gewissensbisse täte!", sagte der Student hitzig.*
>
> *Wieder lachte der Offizier laut auf, und Raskolnikow erschauderte. Wie seltsam das war!*
>
> *"Erlaube mir, ich möchte eine ernste Frage an dich richten", begann der Student von neuem. "Ich habe jetzt natürlich Spaß gemacht, aber sieh einmal: da ist auf der einen Seite ein dummes, nutzloses, nichtswürdiges, böses, krankes altes Weib, das kein Mensch braucht und das im Gegenteil allen schadet, das selber nicht weiß, wozu es auf der Welt ist, und morgen ohnedies ganz von selbst sterben wird. Verstehst du? Verstehst du?"*
>
> *"Nun ja", erwiderte der Offizier, während er den in Hitze geratenen Gefährten aufmerksam betrachtete.*
>
> *"Hör weiter! Und auf der andern Seite gibt es junge, unverbrauchte Kräfte, die ohne Unterstützung nutzlos verkommen, und das zu Tausenden überall! Da sind hundert, tausend gute Werke und Unternehmungen, die man mit dem Geld der Alten beginnen und richtig zu Ende führen könnte, mit dem Geld, das einem Kloster vermacht ist! Da sind hundert, tausend Existenzen, die vielleicht auf den richtigen Weg*

gebracht, Dutzende von Familien, die vor dem Elend, der Zersetzung, dem Untergang, dem Laster, der Syphilisabteilung gerettet werden könnten - und all das mit dem Geld dieses Weibes! Bring sie um und nimm ihr Geld, und dann widme dich mit dessen Hilfe dem Ziel, der ganzen Menschheit und der gemeinsamen Sache zu dienen – was meinst du: Wird dieses eine winzige Verbrechen nicht durch die Tausende von guten Werken aufgewogen werden? Für ein Leben tausend Leben, gerettet vor Fäulnis und Untergang; ein Tod und dafür hundertfaches Leben – das nenne ich ein einfaches Rechenexempel! Und wieviel ist denn, alles in allem genommen, das Leben dieser schwindsüchtigen, dummen, bösen, alten Frau wert? Nicht mehr als das Leben einer Laus, einer Küchenschabe, und nicht einmal das: denn das alte Weib ist schädlich. Sie frisst fremdes Leben; sie ist böse; unlängst hat sie Lisaweta im Zorn in den Finger gebissen; beinahe hätte man ihn abschneiden müssen!"

„Natürlich ist sie es nicht wert, dass sie lebt", bemerkte der Offizier; „aber auch die Natur hat ihre Rechte."
...
„Du redest so schön daher wie ein Redner, aber sag mir das eine: Könntest du selber die alte Frau umbringen oder nicht?"
„Natürlich nicht! ..."

Und doch hat sich der Gedanke, diese Pfandleiherin umzubringen, im Innern des Studenten schon festgesetzt. Ja, er unternimmt Schritte, um seine verbrecherische Idee umsetzen zu können. Zunächst sucht er ihre Wohnung auf, in der sie mit ihrer Schwester lebt.

"Mit stockendem Herzen und nervösem Zittern gelangte er zu einem riesengroßen Haus ... Die Treppe war dunkel und schmal, ein Hinteraufgang, aber er kannte das alles schon und hatte es schon studiert, und ihm gefiel diese ganze Umgebung: In solcher Dunkelheit war sogar ein neugieriger Blick ungefährlich. Wenn ich mich jetzt schon so fürchte, was ist dann, wenn es wirklich zur Tat kommen sollte? ... fragte er sich unwillkürlich, während er zum vierten Stockwerk hinaufstieg ... Die Klingel läutete schwach, als wäre sie aus Blech und nicht aus Messing ... Er zuckte heftig zusammen; seine Nerven waren schon allzusehr geschwächt. Nach kurzer Zeit wurde die Tür einen winzigen Spalt weit geöffnet; die Inhaberin der Wohnung musterte den Ankömmling durch den Spalt mit sichtlichem Misstrauen, und man sah nur ihre aus dem Dunkel leuchtenden kleinen Augen. Als sie aber die vielen Leute auf dem Treppenabsatz erblickte, wurde sie kühner und machte die Tür ganz auf. Der junge Mann trat über die Schwelle in eine dunkle Diele; sie war in der Mitte durch eine Bretterwand geteilt, hinter der eine winzige Küche lag. Die Alte stand schweigend vor ihm und blickte ihn fragend an. Sie war eine sehr kleine, dürre alte Frau von etwa sechzig Jahren, mit spitzer Nase und bloßem Kopf. Ihr weißblondes, kaum ergrautes Haar war dick mit Fett eingeschmiert. Um den dünnen langen Hals, der aussah wie ein Hühnerbein, hatte sie einen Flanelllappen gewickelt, und über die Schul-

tern hing ihr trotz der Hitze ein völlig abgetragener, vergilbter Pelzkragen. Die Alte hustete und krächzte in einem fort. Offenbar sah sie der junge Mann mit einem auffallenden Blick an; denn in ihren Augen blitzte plötzlich wieder das frühere Misstrauen auf... Der Student bewegte sich wieder zur Tür, nachdem er sein Geschäft mit der Alten erledigt hatte. ‚Leben Sie wohl, Aljonja Iwanowna!'
Raskolnikow ging in größter Verwirrung fort. Diese Verwirrung wurde immer stärker. Als er die Treppen hinabstieg, blieb er sogar mehrere Male stehen, als hätte ihn irgendetwas geradezu überwältigt. Und schließlich, schon auf der Straße, rief er: ‚O Gott , wie abscheulich ist das alles! Und will ich denn wirklich, wirklich ... Nein, das ist Unsinn, das ist albern!', fügte er energisch hinzu. ‚Und konnte mir wahrhaftig etwas so Entsetzliches in den Kopf kommen? Zu welchem Schmutz ist mein Herz doch fähig! Und vor allem: wie dreckig, wie ekelhaft, wie widerlich, widerlich! ... Und ich habe schon einen ganzen Monat ...'
Doch er vermochte weder mit Worten noch mit Ausrufen seine Erregung auszudrücken. Das Gefühl grenzenlosen Abscheus, das sein Herz schon bedrückt und verwirrt hatte, als er auf dem Weg zu der Alten gewesen war, nahm jetzt ein solches Ausmaß an und wurde so überwältigend groß, dass er nicht wusste, wohin er sich in seinem Gram wenden sollte. Er ging wie ein Betrunkener den Bürgersteig entlang, ohne die Entgegenkommenden, mit denen er zusammenstieß, zu bemerken, und kam erst in der nächsten Straße zur Besinnung.

Als er sich umblickte, sah er, dass er vor einem Kellerlokal stand, zu dem man vom Trottoir aus über eine Treppe hinuntersteigen musste. Aus der Tür kamen gerade in diesem Augenblick zwei Betrunkene. Fluchend stützten sie einen den andern und kletterten auf die Straße. Ohne lange nachzudenken, ging Raskolnikow sofort in den Keller hinunter. Bisher war er noch nie in eine Schenke gegangen, doch jetzt schwindelte ihm der Kopf, und zudem quälte ihn brennender Durst. Er hatte Lust, kaltes Bier zu trinken, um so mehr, als er seine plötzliche Schwäche dem Umstand zuschrieb, dass er nichts im Magen hatte; er setzte sich in eine dunkle, schmutzige Ecke, an einen klebrigen kleinen Tisch, bestellte Bier und trank gierig das erste Glas. Sofort wurde alles leichter, und seine Gedanken wurden klarer."

Der Traum

Aber bevor es zu dieser scheußlichen Tat kommt, träumt Raskolnikow von seinem Vater. Müsste ihn dieser Traum nicht zur Besinnung bringen? Einem Stoppschild gleich müsste er ihm Halt gebieten. Aber auch dieses Signal übersieht der Student.

In diesem Traum sind Vater und Sohn auf dem Weg zum Friedhof. Sie kommen an einer Schenke vorbei. Dort hat ein ausschweifendes Fest stattgefunden. Bauern, Kleinbürger und allerhand Gesindel grölen nun auf der Straße herum. Vor dem Wirtshaus steht ein Fuhrwerk. Doch statt der starken, großen, schweren Pferde ist nur ein mageres, fuchsbraunes altes Pferd an der Deichsel, wie es ärmliche Kleinbauern vor ihren Karren spannen. Wenn das Tier die schweren Lasten nicht zu ziehen vermag, dann dreschen sie unbarmherzig auf die elende Mähre ein. Unbarmherzig geht dann die Peitsche auf die schwache Kreatur nieder und trifft Augen und Maul. Wer diese scheußliche Tierquälerei mit ansehen muss, dem laufen hernach die Tränen über die Wangen.

> *„Jetzt brach plötzlich großer Lärm aus: mit Geschrei, und während sie zur Balalaika Lieder sangen, kamen aus der Kneipe stockbesoffene große Bauern heraus, die Jacke über das Hemd geworfen.*
> *‚Steigt ein, steigt alle ein!', schrie ein noch junger Mann mit dickem Hals und fleischigem Gesicht, das rot war wie eine rote Rübe, ‚ich bringe euch alle heim, steigt ein!'…*
> *‚Eine solche Schindmähre, und die soll uns fahren?'*
> *‚Wie kannst du bloß diesen Gaul vor einen solchen Wagen spannen?' …*
> *‚Steigt ein; ich fahre euch alle!', schreit Mikolka zum zweiten Mal, springt als erster auf den Wagen, ergreift die Zügel und stellt sich mit seiner ganzen Größe auf dem Bock auf. … ‚Dieser Gaul reizt mir nur die Galle, Freunde; am liebsten schlüge ich ihn tot, denn er frisst bloß noch, ohne zu arbeiten. Ich sage euch, steigt ein! Wir werden im Galopp fahren …'*
> *Und er nimmt die Peitsche voll Genuss in die Hand, bereit, das arme Pferd zu prügeln …*
> *Und er peitscht und peitscht und weiß vor Raserei nicht mehr, womit er noch zuschlagen soll.*
> *‚Papa, lieber Papa', ruft der kleine Rodja seinem Va-*

ter zu. ‚Papa, was machen die Leute? Papa, sie prügeln das arme Pferd!'
‚Gehen wir, gehen wir!', sagt der Vater. ‚Sie sind betrunken, die Dummköpfe, und treiben Unfug. Gehen wir; schau nicht hin!'
Und er will den Jungen wegführen, doch das Kind reißt sich von seiner Hand los und läuft wie von Sinnen zu dem Pferd hin. Aber dem armen Gaul geht es schon schlecht. Er keucht, steht still, zieht abermals an und stürzt beinahe hin.
‚Prügelt es tot!', schreit Mikolka. ‚Jetzt ist es so weit. Ich will es totprügeln!'
‚Ja, bist du denn kein Christ, du Teufel?', ruft ein alter Mann aus der Menge.
‚Hat man schon erlebt, dass so ein Schindergaul eine solche Last schleppen soll!', fügt ein anderer hinzu.
‚Du schlägst ihm ja alle Knochen kaputt!', ruft ein dritter.
‚Laßt mich in Ruhe! Das Pferd gehört mir! Ich kann damit machen, was ich will! Steigt alle ein! Ich will, dass es im Galopp geht ...'
Plötzlich dröhnt eine Salve von Gelächter auf und übertönt alles: Das Pferd erträgt die vielen Schläge nicht mehr und schlägt ohnmächtig aus. Nicht einmal der alte Mann kann ein Lachen unterdrücken. Und wahrhaftig, es ist ein zu komisches Bild, wie die hinfällige Kreatur auszuschlagen versucht!
Zwei weitere Burschen aus der Menge holen sich Peitschen und laufen zu dem Pferd hin, um es zu schlagen. Jeder eilt von einer anderen Seite heran.
‚Schlagt auf die Schnauze, auf die Augen; schlagt auf die Augen!', brüllt Mikolka.

‚Ein Lied, ihr Lieben!', schreit jemand vom Wagen herunter, und alle, die auf dem Wagen sitzen, grölen los. Nun erklingt ein ausgelassenes Lied; eine Schellentrommel klappert; beim Kehrreim hört man es pfeifen. Die Bäuerin knackt ihre Nüsse und lacht.

Rodja läuft neben dem Pferd hin und her; er eilt nach vorn und sieht, wie man es auf die Augen schlägt, gerade auf die Augen. Er weint, das Herz krampft sich ihm zusammen; die Tränen strömen. Einer von den Schlägern stößt ihm ins Gesicht; er fühlt es nicht; er ringt die Hände, schreit, stürzt auf den grauhaarigen Alten mit dem grauen Bart zu, der den Kopf schüttelt und alles verurteilt. Ein Weib nimmt den Jungen an der Hand und will ihn wegführen, doch er reißt sich los und läuft wieder zu dem Pferd hin. Das hat schon gar keine Kraft mehr, aber noch einmal schlägt es aus.

‚Dass dich doch der Teufel!', schreit Mikolka in blinder Wut. Er wirft die Peitsche fort, bückt sich und hebt eine lange dicke Deichselstange auf, die auf dem Boden des Wagens liegt, fasst sie am Ende mit beiden Händen und holt mühsam gegen den Fuchs aus.

‚Er erschlägt das Pferd!', rufen die Leute ringsum.

‚Er bringt es um!'

‚Es gehört ja mir!', kreischt Mikolka und lässt die Deichsel mit voller Wucht niederfallen. Man hört einen schweren Schlag.

‚Prügelt es nur, prügelt es! Was steht ihr da?', werden Stimmen in der Menge laut.

Mikolka holt zum zweiten Mal aus, und ein zweiter Schlag trifft mit voller Wucht den Rücken des unglücklichen Pferdes. Es geht in die Knie, stürzt fast, springt aber wieder auf und zieht an, zieht mit letzter Kraft, dahin, dorthin, um den Wagen ins Rollen zu bringen; aber von allen Seiten hageln die Hiebe von sechs Peitschen darauf ein, und wieder wird die schwere Deichsel geschwungen und trifft es zum dritten Mal, dann zum vierten Mal, regelmäßig und mit Schwung. Mikolka ist toll vor Wut, dass er nicht imstande ist, das Tier mit einem Schlag zu töten.

‚Es lebt immer noch!‘, schreit irgendwer in der Runde.

‚Gleich wird es fallen, Freunde, sicherlich, und dann ist es aus mit ihm!‘, ruft jemand, dem das zu gefallen scheint.

‚Nimm doch das Beil! Mach ihm den Garaus‘, schreit ein dritter.

‚Ach, dass dich doch! Macht Platz!‘ brüllt Mikolka wie rasend, wirft die Deichsel fort, bückt sich abermals in den Wagen und holt eine eiserne Brechstange hervor. ‚Aufgepasst!‘, ruft er und lässt mit allen Kräften die Stange auf sein armes Pferd niedersausen. Der Schlag dröhnt dumpf; das Tier schwankt, knickt ein, will noch mal anziehen, aber die Eisenstange trifft es mit voller Wucht ein zweites Mal auf den Rücken, und es stürzt zu Boden, als hätte man ihm alle vier Beine zugleich abgehackt ... Die Stute streckt den Kopf vor, schnaubt noch einmal schwer und ist tot.

‚Aus ist's mit ihm!‘, schreit es in der Menge.

‚Ja, warum ist es nicht im Galopp gelaufen!‘

‚Es ist ja mein Eigentum!‘, kreischt Mikolka, die Brechstange in der Hand; seine Augen sind blutunterlaufen ...

‚Wahrhaftig, jetzt sieht man, dass du kein Christ bist!‘,

lassen sich nunmehr verschiedene Stimmen vernehmen.
Der arme Knabe ist außer sich. Schreiend drängt er durch die Menschen zu dem Pferd hin, umarmt dessen totes, bluttriefendes Maul und küsst es, küsst es auf die Augen, auf die Nüstern ... Dann springt er plötzlich auf und stürzt sich, die kleinen Fäuste geballt, auf Mikolka. In diesem Augenblick packt ihn endlich der Vater, der ihm schon lange nachgeeilt ist, und trägt ihn weg ...
‚Papa, lieber Papa! Warum haben sie ... das arme Pferdchen ... umgebracht?', schluchzte Rodja; aber der Atem stockt ihm, und die Worte entringen sich seiner beklommenen Brust als Schreie.
‚Betrunken sind sie, da treiben sie böse Dinge; es ist nicht unsere Sache; gehen wir!', entgegnet der Vater. Rodja umfängt den Vater mit den Armen, doch im Herzen ist ihm so bang, so bang. Er will Atem holen, schreit auf und erwacht.
Er war ganz in Schweiß gebadet, das Haar klebte ihm vor Schweiß, er keuchte und hatte sich voll Entsetzen aufgerichtet. Gottlob, es war nur ein Traum ...
‚O Gott!', rief er, ‚werde ich denn wirklich das Beil nehmen, wirklich und wahrhaftig, werde ich sie (die Pfandleiherin) über den Kopf schlagen und ihr den Schädel zerschmettern ... werde ich in dem klebrigen, warmen Blut ausgleiten, das Schloss erbrechen, stehlen und zittern; werde ich mich verstecken, blutüberströmt ... mit dem Beil ... o Herr, wird das wirklich sein?'
Während dieser Worte zitterte er wie Espenlaub."

Das Ringen Raskolnikows

Diese Passage, die ich bewusst in voller Länge zitiert habe, ist nur ein Traum, aber in ihm spiegeln sich die Qualen wider, die Raskolnikow durchlebt, wenn er an seinen geplanten Mord denkt und ihn vorbereitet. Aber an dieser Stelle bricht auch die tiefe Sehnsucht nach seinem Vater auf, der den Jungen an die Hand nimmt und ihn in seinem Schmerz tröstet, so wie es der Vater in der Geschichte tut. Raskolnikow ist ohne Vater aufgewachsen, weil dieser schon früh verstorben ist, und so muss er die liebende Hand des Vaters in seinen aufwühlenden Konflikten vermissen. Im Traum begegnet ihm noch der Vater, aber in der Wirklichkeit bleibt er auf sich selbst gestellt. Wenn er je einen Vater dringend gebraucht hat, dann in dieser Situation, wo das Böse in seinem Innern auszuufern droht.

Ein Ringen setzt ein: „Werde ich meinen Plan durchführen und die Alte umbringen, oder wende ich mich von diesem Übel ab und überwinde den Drang zum Töten?"

Mit einfühlsamen Worten entfaltet Dostojewski vor uns die Gefühle und Empfindungen des Studenten, der noch einmal versucht, sich von dem Vorhaben dieser mörderischen Tat zu befreien:

> *„Er stand auf, sah sich überrascht um, als wunderte er sich darüber, wie er hierher geraten war, und ging zur T-Brücke. Er war blass; seine Augen brannten; in allen seinen Gliedern spürte er die Erschöpfung, aber plötzlich atmete er gleichsam leichter. Er fühlte, er hatte diese furchtbare Last, die ihn so lange nie-*

dergedrückt hatte, schon abgeworfen, und es wurde ihm mit einem Mal unbeschwert und friedlich zumute. ‚O Herr!' betete er. ‚Weise mir den richtigen Weg, und ich sage mich los von diesem verfluchten ... Traum!'

Als er über die Brücke schritt, betrachtete er still und ruhig die Newa und den Untergang der blendend roten Sonne. Trotz seiner Schwäche fühlte er sich nicht mehr müde. Es war ihm, als wäre ein Geschwür in seinem Herzen, ein Geschwür, das ihn den ganzen Monat über gequält hatte, plötzlich aufgebrochen. Es war die Freiheit! Er war jetzt frei von solcher Verzauberung, Verlockung, Behexung, Versuchung."

Der Entschluss wird gefasst

Und doch kommt Raskolnikow von seiner geplanten Tat nicht los. Sie holt ihn immer wieder ein, und so bleibt es dabei, dass er seine Vorbereitungen für den Mord weiter vorantreibt.

„Plötzlich erschauerte er am ganzen Körper. Im Zimmer des Hausknechts, zwei Schritt von ihm entfernt, funkelte ihm rechts unter der Bank etwas in die Augen. Er blickte sich nach allen Seiten um – niemand war da. Auf den Fußspitzen schlich er zu dem Zimmer hin, stieg die zwei Stufen hinab und rief mit matter Stimme nach dem Hausknecht. Tatsächlich – niemand ist zu Hause! Wahrscheinlich wird er irgendwo in der Nähe sein, auf dem Hof, denn die Tür steht offen. Er stürzte sich hastig auf das Beil –

es war ein Beil –, zog es unter der Bank hervor, wo es zwischen zwei Holzscheiten lag; an Ort und Stelle, noch im Zimmer, befestigte er es in der Schlinge, steckte beide Hände in die Taschen und verließ die Hausknechtswohnung; niemand hatte ihn bemerkt! ‚Wenn die Vernunft ein Ende hat, dann hilft der Teufel weiter!‘ dachte er mit verzerrtem Lachen. Dieser Zufall hatte ihn außerordentlich ermutigt.
Still und gemessen ging er seines Weges, ohne Hast, um keinerlei Argwohn zu erwecken."

Der Mord

Der Entschluss stand fest. Nun konnte sich seinem Unheil und Verderben nichts mehr entgegenstellen. Auch der schreckliche Traum konnte ihn nicht daran hindern, die Vorbereitungen für den Mord zügig voranzutreiben. Das Böse hatte über das Gute gesiegt.

„‚Was für Dummheiten!‘, sagte er zu sich selbst. ‚Aber es ist am besten, ich denke nicht daran ...‘
Mit verhaltenem Atem und die Hand auf das pochende Herz gepresst, tastete er sogleich nach dem Beil und schob es zurecht, während er vorsichtig und leise die Stufen hinaufstieg und jeden Augenblick lauschte...
Und da war das vierte Stockwerk; da war die Tür, da war auch die Wohnung gegenüber... Er atmete schwer. Für einen Augenblick schoss ihm die Frage durch den Kopf: ‚Soll ich nicht lieber zurückgehen?‘

Aber er gab sich keine Antwort darauf und begann, vor der Wohnung der Alten zu lauschen. Totenstille. Dann lauschte er nochmals die Treppe hinab; er lauschte lange und aufmerksam ... Jetzt blickte er sich um, raffte sich zusammen, machte sich zurecht und fasste noch einmal nach dem Beil in der Schlinge ... ‚Soll ich nicht noch warten ... bis mein Herz aufhört zu klopfen?' ...

Aber sein Herz beruhigte sich nicht. Im Gegenteil, es schlug immer stärker, stärker, stärker ... Er hielt es nicht mehr aus, streckte langsam die Hand zum Klingelzug aus und läutete. Nach einer halben Minute klingelte er noch einmal, etwas lauter...

Einen Augenblick später hörte er, wie der Riegel züuckgeschoben wurde. So wie damals öffnete sich die Tür nur einen winzigen Spalt, und wieder starrten ihn aus dem Dunkel zwei scharfe, argwöhnische Augen an. Da verlor Raskolnikow den Kopf und beging beinahe einen großen Fehler.

Da er fürchtete, die alte Frau werde erschrecken, weil sie allein war, und dass sein Anblick sie kaum beruhigen werde, griff er nach der Tür und riss sie auf, damit die Alte nicht auf den Gedanken käme, sich wieder einzuschließen ...

Und ohne sich weiter um sie zu kümmern, ging er geradewegs, ohne ihre Aufforderung abzuwarten, in das Zimmer. Die Alte lief ihm nach; sie hatte die Sprache wiedergefunden.

‚Du lieber Gott! Was wollen Sie? ... Wer sind Sie denn? Was wollen Sie?'

‚Aber ich bitte Sie, Aljona Iwanowna ... Sie kennen mich doch ... Ich heiße Raskolnikow ... Ich habe das

Pfand gebracht, von dem ich Ihnen neulich erzählt habe ...'
Und er reichte ihr das Pfand ...
‚Was ist das?', fragte sie, während Raskolnikow sie noch einmal mit starrem Blick musterte und das Pfand in der Hand wog.
‚Eine silberne .... Sache ... eine Zigarettendose ... sehen Sie sie sich an ...'
Während sie sich bemühte, den Bindfaden aufzuknoten, drehte sie sich zum Fenster um, dem Licht zu – sie hatte trotz der Hitze alle Fenster in der Wohnung geschlossen – sie kümmerte sich einige Sekunden lang überhaupt nicht um ihn und wandte ihm den Rücken zu. Er knöpfte sich den Mantel auf und befreite das Beil aus der Schlinge, zog es jedoch nicht ganz heraus, sondern hielt es nur mit der Rechten unter dem Mantel fest. Seine Hände waren ganz schwach; er spürte, wie sie mit jedem Augenblick tauber und gefühlloser wurden. Er fürchtete, er würde das Beil nicht halten können und es fallen lassen ... Plötzlich schwindelte ihm.
‚Na, wie er das bloß zugeschnürt hat!', rief die Alte ärgerlich und machte eine Bewegung, als wollte sie sich ihm wieder zuwenden.
Er durfte keinen Augenblick mehr verlieren. Er zog das Beil ganz heraus, schwang es mit beiden Händen, kaum noch bei Bewusstsein, und ließ es, fast ohne Anstrengung fast mechanisch mit dem Rücken auf den Kopf der Alten niederfallen. Er hatte das gleichsam ohne jeden Kraftaufwand getan. Doch sobald er zugeschlagen hatte, kehrte ihm auch seine Kraft zurück.

Die Alte hatte, wie immer, nichts auf dem Kopf. Ihr helles angegrautes, schütteres Haar, wie gewöhnlich stark mit Fett eingeschmiert, war zu einem Zöpfchen geflochten, das aussah wie ein Rattenschwanz; der Zopf war mit einem zerbrochenen Hornkamm festgesteckt, der hässlich von ihrem Hinterkopf abstand. Der Hieb hatte, da sie klein war, genau ihren Scheitel getroffen. Sie schrie auf, aber sehr leise, und sackte dann plötzlich auf dem Boden zusammen, obgleich sie noch beide Hände zum Kopf heben konnte. In der einen Hand hielt sie noch immer das Pfand. Jetzt schlug er mit voller Wucht noch einmal zu, und noch einmal, immer mit dem Beilrücken, immer auf den Scheitel. Das Blut strömte aus ihrem Kopf wie aus einem umgeworfenen Glas, und ihr Körper wälzte sich auf den Rücken. Raskolnikow trat zurück, ließ sie auf dem Boden liegen und beugte sich sogleich über ihr Gesicht; sie war schon tot. Die Augen standen weit offen, als wollten sie aus ihren Höhlen springen, und die Stirn und das ganze Gesicht waren krampfartig zusammengezogen und verzerrt.
Er legte sein Beil auf den Boden neben die Tote und griff ihr in die Tasche, wobei er Obacht hatte, dass er sich nicht mit dem Blut beschmierte – griff in eben jene rechte Tasche, aus der sie das letzte Mal die Schlüssel genommen hatte. Er war bei vollem Verstand; er spürte keine Schwäche und keinen Schwindel mehr; doch seine Hände zitterten noch immer ...
Er eilte mit den Schlüsseln gleich in das Schlafgemach. Das war ein sehr kleiner Raum mit einer riesigen Ikonenwand an der einen Seite ... an der dritten Wand stand eine Kommode. Sonderbar, sobald er

die Schlüssel an der Kommode auszuprobieren begann, sobald er ihr Klirren hörte, krampfte sich ihm gleichsam der ganze Körper zusammen. Plötzlich packte ihn wieder das Verlangen, alles stehen und liegen zu lassen und fortzueilen. Doch das dauerte nur einen Augenblick; es war zu spät, um wegzugehen ... Es war ihm auf einmal so gewesen, als könnte die Alte vielleicht doch noch leben und noch einmal zu Bewusstsein kommen. Er ließ Schlüssel und Kommode, lief zu der Toten zurück, packte das Beil und holte noch einmal gegen sie aus, aber er schlug nicht zu. Es konnte keinen Zweifel geben, sie war tot ... Plötzlich entdeckte er am Hals der Toten eine Schnur und zog daran, aber die Schnur war fest und riss nicht; zudem war sie ganz von Blut durchtränkt. Er versuchte die Schnur unter dem Kleid hervorzuziehen, aber irgendetwas hatte sich verhängt. Ungeduldig holte er abermals mit dem Beil aus, um ohne weitere Umstände die Schnur oben am Körper der Toten durchzuhauen, doch er wagte es nicht. Mit Mühe zerschnitt er die Schnur, ohne mit dem Beil die Leiche zu berühren, was etwa zwei Minuten in Anspruch nahm und wobei er Hände und Beil blutig machte, und zog sie heraus; er hatte sich nicht geirrt: Da war ein Geldbeutel. An der Schnur hingen zwei Kreuze ... außerdem ein kleines emailliertes Heiligenbild und daneben ein verschmiertes Geldbeutelchen aus Sämischleder ... Der Beutel war ganz vollgestopft; Raskolnikow steckte ihn in die Tasche, ohne ihn näher zu besehen; die Kreuze warf er der Alten auf die Brust und eilte aus dem Schlafzimmer zurück, wobei er diesmal das Beil mitnahm ...

> *... und mit einem Mal kam er zur Besinnung. ‚O Gott! Verliere ich vielleicht den Verstand?', dachte er voller Furcht."*

Aber nicht nur die alte Wucherin wird ermordet, sondern auch ihre Schwester, Lisaweta, die Augenzeuge dieser Bluttat ist und deshalb von Raskolnikow getötet wird. Gewollt hat er den Tod von Lisaweta aber nicht.

Wie kann ein intelligenter junger Mensch, der zudem noch Rechtswissenschaft studiert, zum Mörder werden? Was hat sich im Hirn dieses Studenten abgespielt?

Raskolnikow geht von der falschen Willensentscheidung aus: Gut ist, was im Augenblick nützt. Wer so denkt, muss zu solch schuldvollen Entscheidungen kommen. Über viele Jahre hat Dostojewski sich mit diesem Thema beschäftigt und sich gefragt: Wie menschlich ist der Mensch, wenn er Gott aus seinem Leben ausklammert? Kann er da nicht zur Bestie werden? Diese Freiheit ist dem Menschen gegeben: Er kann mit und ohne Gott leben. In allen Varianten spielt Dostojewski diese Lebensentwürfe durch, und seine Romanfiguren zeigen alle Möglichkeiten auf und verleihen seinen Werken dadurch die ungeheure Spannung.

„Schuld und Sühne" ist schon wie ein besonderer Kriminalroman aufgebaut. Von Anfang an steht der Mörder fest. Mit Spannung wartet der Leser darauf: Wird es gelingen, den Verbrecher zu entdecken und ihn der Tat zu überführen? Vor allen Dingen will er aber wissen, wie der Verbrecher selbst zu seiner Tat steht. Bereut er sein Tun? Wird er in seinem Gewissen getroffen und bricht in ihm die Sehnsucht nach Sühne und Läuterung auf?

Raskolnikow erkennt schließlich das Chaos, in das er sich selbst gebracht hat. Er steht vor den Scherben seines Lebens. Aber es kommt doch nicht zu einer inneren Umkehr und Erneuerung. So klagt er: *"Mich selbst habe ich umgebracht, nicht die Alte. Mit einem Schlag habe ich mich getötet für alle Zeiten!"* So ist seine Qual verständlich und zugleich erschütternd. „Glaubst du an Gott?" Plötzlich steht diese Fragestellung im Raum.

Eine Besonderheit bei Dostojewski ist, dass er das gleiche Ereignis aus verschiedenen Blickwinkeln schildert. Raskolnikow erlebt den Mord noch einmal in einem Traum.

Sonja

Dieses Werk kommt aber nicht nur einem Krimi gleich, sondern ist auch ein wunderbarer Liebesroman. Sonja, eine hübsche junge Frau, die von ihrer Mutter um des Geldes willen in die Prostitution getrieben wurde, liebt Raskolnikow.

Sonja hat zunächst versucht, sich mit ehrlicher Arbeit Geld zu verdienen. Aber ihr Verdienst war eher gering, noch nicht einmal 15 Kopeken wurden ihr am Tag in die Hand gedrückt. Keinen Augenblick konnte sie sich ausruhen während der Arbeit. Und sonst ehrbare Leute, die hoch angesehene Ämter bekleideten, wie z. B. der Staatsrat, vergaßen, ein halbes Dutzend

Hemden zu bezahlen, die Sonja genäht hatte. Ja, er hat das junge Mädchen noch beschimpft, sie mit hässlichen Worten beleidigt und ihr die Hemdenkragen vor die Füße geworfen. Die Kragen säßen schief und hätten auch nicht das rechte Maß, murrte er.

Und daheim hungerten die kleineren Geschwister, klagten, sie wollten: „Brot, Brot!", so dass die Mutter ganz verzweifelt war. Schon länger litt sie an der Schwindsucht, und auf ihren blassen Wangen hatten sich rote Flecken gebildet. Sie würde wohl nicht mehr lange zu leben haben. In ihrem Elend schrie sie Sonja, ihre Stieftochter, an: „Du bist eine Schmarotzerin, lebst hier bei uns, isst und trinkst hier, sitzt am warmen Ofen, und die Kleinen haben nichts zu beißen und zu knabbern!" Der Vater lag wie fast immer betrunken auf der Ofenbank und hörte, wie Sonja ihn fragte: „Soll ich wirklich ein solches Leben auf dem Straßenstrich und im Bordell anfangen?"

„Warum nicht?" hat ihr die Stiefmutter dazwischengerufen. „Die Hauptsache ist, es kommt Geld für das tägliche Brot auf den Tisch. Wozu willst du dich bewahren, als ob das Jungfrausein eine solche Kostbarkeit und Ehre wäre?" Aber kann man einer Mutter die Schuld in die Schuhe schieben, dass sie auf solchen Gedanken kam? Aus purer Not, Erregung und Verzweiflung heraus waren ihr diese Worte über die Lippen gekommen. Sie hatte das Weinen und Wimmern ihrer kleinen Kinder nicht länger mehr hören können und hat nach einem Ausweg gesucht. Aber ist Prostitution ein Ausweg?

Und dann hat Sonja ihr Tuch über die Schulter gehängt und hat gegen sechs Uhr abends die Wohnung verlassen. Um neun Uhr kam sie zurück, legte, ohne auch nur ein Sterbenswörtchen über die Lippen zu bringen, dreißig Silberrubel auf den Tisch, holte sich ihre Wolldecke, zog sie sich über den Kopf, so dass ihr Gesicht ganz verdeckt war. Dann warf sie sich auf ihre Liegestatt, das Gesicht hatte sie gegen die Wand gekehrt. Sie zitterte am ganzen Körper, schlafen konnte sie nicht. Die Stiefmutter ging, ohne ein Wort zu reden, zum Bett Sonjas, warf sich vor sie auf die Knie und küsste ihr die Füße. Lange kauerte sie so am Boden. Schließlich legte sie sich zu Sonja aufs Bett und hielt ihre Arme um das zitternde Mädchen, bis sie dann beide einschliefen.

In der Ecke aber lag der Vater noch immer stockbetrunken auf der Ofenbank. Von diesem Zeitpunkt an musste sich Sonja den gelben Ausweis ausstellen lassen, den jede Prostituierte laut Gesetz immer bei sich tragen musste. In der Wohnung durfte sie nun nicht mehr länger bleiben. Das duldete die Hauswirtin nicht. Jetzt wohnte Sonja bei einer sehr armen Familie, die nur ein Zimmer besaß, notdürftig hinter einem Bretterverschlag. Jetzt konnte Sonja nur noch abends bei Dunkelheit zu ihrer Familie kommen. Stillschweigend legte sie dann das „dreckige" Geld auf den Tisch.

Welcher Schriftsteller könnte ergreifender die traurige Situation unverschuldeter Armut und die verwerfliche Ausbeutung durch die Prostitution anprangern?

Aber nun geschieht das Unbegreifliche. Raskolnikow verliebt sich in Sonja und erkennt ihre wahren Werte.

Raskolnikows Gespräch mit Sonja

Wunderbare Szenen zwischen diesen beiden Liebenden spielen sich in diesem Werk ab. Auf einige wenige will ich eingehen:

„Es vergingen fünf Minuten. Er ging noch immer schweigend, und ohne sie anzusehen, hin und her. Schließlich trat er auf sie zu; seine Augen funkelten. Mit beiden Händen nahm er sie bei den Schultern und schaute ihr in das tränennasse Gesicht. Der Blick seiner brennenden Augen war scharf und durchdringend; seine Lippen zuckten ... Plötzlich beugte er sich rasch bis zum Boden und küsste ihr den Fuß. Sonja taumelte entsetzt zurück, als wäre er wahnsinnig. Und wahrhaftig, er starrte sie an wie ein völlig Wahnsinniger.
‚Was tun Sie da? Was tun Sie? Vor mir!‘, murmelte sie totenblass, und schmerzhaft presste sich plötzlich ihr Herz zusammen.
Er stand sofort wieder auf.
‚Ich habe mich nicht vor dir gebeugt, sondern ich habe mich vor allem menschlichen Leid gebeugt‘, sagte er mit einer seltsamen Scheu und ging zum Fenster. ‚Höre‘, fügte er hinzu, als er nach einem Augenblick zu ihr zurückkam, ‚ich habe heute zu einem Menschen, der mich beleidigt hatte, gesagt, dass er deinen kleinen Finger nicht wert sei ... und dass ich meiner Schwester eine Ehre erwiesen hätte, als ich sie neben dir sitzen ließ.‘
‚Ach, weshalb haben Sie das gesagt! Und vielleicht sogar in Gegenwart Ihrer Schwester?‘, rief Sonja er-

schreckt ‚... Ich bin doch ehrlos ... Ach, warum haben Sie das gesagt?'
‚Nicht deiner Ehrlosigkeit und deiner Sünde wegen habe ich das gesagt, sondern weil du ein so großes Leid trägst. Dass du eine große Sünderin bist, ist richtig', fügte er fast triumphierend hinzu. ‚Vor allem bist du deswegen eine Sünderin, weil du dich vergeblich getötet und preisgegeben hast. Das ist eben das Grauenvolle, dass du in diesem Schmutz lebst, den du so sehr hasst, und dabei doch selbst weißt – du brauchst ja nur die Augen aufzumachen –, dass du damit niemandem hilfst und niemanden vor irgendetwas rettest! So sag mir doch endlich', stieß er wie besessen hervor, ‚wie kann sich in dir solche Schmach und Niedrigkeit mit den entgegengesetzten, den heiligsten Gefühlen vereinbaren? Es wäre doch richtiger, tausend Mal richtiger und vernünftiger, kopfüber ins Wasser zu springen und mit einem Schlag allem ein Ende zu machen!'
‚Und was wird dann aus Ihnen?', fragte Sonja leise; sie blickte ihn schmerzlich an, schien sich aber doch über seinen Vorschlag keineswegs zu wundern.
Raskolnikow sah sie eigentümlich an. Ihr Blick allein hatte ihm alles gesagt. Offenbar war ihr dieser Gedanke wirklich selbst schon gekommen. Vielleicht hatte sie in ihrer Verzweiflung bereits oft und ernsthaft darüber nachgedacht, wie es wäre, mit einem Schlag allem ein Ende zu machen, so dass sein Vorschlag sie nicht im mindesten überraschte. Sie merkte nicht einmal, wie grausam seine Worte waren – den Sinn seiner Vorwürfe und seine besonderen Ansichten über seine Schmach hatte sie natürlich ebenfalls

nicht begriffen, das sah er deutlich. Aber er erkannte, bis zu welch ungeheuerlicher Qual – und zwar schon seit langem – sich der Gedanke an ihre ehrlose, schmachvolle Lage gesteigert hatte ...
Erst jetzt erkannte er, was ihr diese armen, verwaisten kleinen Kinder und diese bejammernswerte, halb verrückte, schwindsüchtige Katerina Iwanowna, die mit dem Kopf gegen die Wand schlug, bedeuteten ... Was also hielt sie aufrecht? Doch nicht das Laster? All diese Schmach berührte sie offenbar nur rein äußerlich; das wirkliche Laster hatte noch nicht Eingang in ihr Herz gefunden; er sah das; er durchschaute sie bis ins Innerste ...
‚Aber ist das wirklich wahr?' dachte er weiter. ‚Wird sich denn auch dieses Geschöpf, das noch die ganze Lauterkeit seines Gemüts bewahrt hat, schließlich in diese widerliche, stinkende Grube hineinziehen lassen?'"

Raskolnikow erkennt, was die jüngeren Stiefgeschwister für Sonja bedeuten. Er begreift auch, dass sie ihre todkranke Mutter jetzt nicht im Stich lassen darf. Aber es ist ihm auch klar, dass Sonja so nicht weiterleben konnte. Sie hatte einen solch guten Charakter und war im Glauben erzogen worden – wie konnte sie dann weiter gierigen Männern ihren Leib anbieten? Es war schon erstaunlich, dass sie in diesem schändlichen Gewerbe der Prostitution noch nicht verrückt geworden war.

So fragte er sich:

‚,Wartet sie auf ein Wunder? Ganz gewiss! Sind das etwa nicht die ersten Zeichen des Wahnsinns?'
‚Du betest also viel, Sonja?' fragte er endlich.
Sonja schwieg; er stand neben ihr und wartete auf ihre Antwort.
‚Was wäre ich ohne Gott?', flüsterte sie dann rasch und mit Nachdruck, während sie ihn mit aufblitzenden Augen schnell ansah und ihm fest die Hand drückte.
‚Tatsächlich, es ist so!', dachte er.
‚Und was tut Gott für dich?', fragte er, um sie weiter auszuforschen.
Sonja schwieg lange Zeit, als brächte sie es nicht fertig zu antworten. Ihre zarte Brust hob und senkte sich vor Erregung.
‚Schweigen Sie! Fragen Sie nicht! Sie sind es nicht wert!' ..., rief sie auf einmal und funkelte ihn mit ihren Augen streng und zornig an.
‚Es ist so! Es ist so!' wiederholte er im Stillen.
Raskolnikow schaute Sonja mit einem fast verzweifelten Blick an. Ihr Gesicht war blass, und die Bakkenknochen standen hervor. Mager war sie geworden. Aber ihre leuchtenden, wie Feuer funkelnden Augen waren ihr geblieben. Aber nun flammte Zorn in ihr auf, so dass er erschrak.
‚Sie ist eine Gottesnärrin! Ja, eine Gottesnärrin!', sagte er leise vor sich hin.
Nun entdeckte er auf einem Schränkchen ein dickes Buch in Leder gebunden. Behutsam nahm er es in die Hand. Es war ein Neues Testament, alt und schon sehr zerlesen. Manche Seiten waren schon an den Rändern eingerissen und an den Ecken umgeknickt. Man

sah diesem Buch an, dass es schon durch viele schmutzige und fettige Hände gegangen war.
‚Wie kommst du an das Buch?', fragte er ganz erregt. Sonja verstand seine Nervosität nicht.
‚Wer hat dir dieses Buch gegeben?', fragte er ungehalten.
Zögernd antwortete sie: ‚Lisaweta hat mir diese Bibel gegeben. Ich bat sie darum.'
‚Von Lisaweta?', rief er ganz erstaunt. Er blätterte in der Heiligen Schrift und zog die Kerze näher an sich heran. Er suchte die Geschichte von der Auferweckung des Lazarus. Dieses Ereignis interessierte ihn. Sonja schlug ihm die Seite auf.
‚Kennen Sie diese sonderbare Begebenheit?', fragte sie verwundert.
‚Als ich noch Schüler war, habe ich sie einmal gehört. Aber das ist schon lange her. Ich gehe nämlich nicht zur Kirche. Gehst du denn?'
‚Ja, ich war vorige Woche im Gottesdienst und ließ für Lisaweta eine Seelenmesse lesen. Das ist die Frau, die mit einem Beil erschlagen wurde.'
Raskolnikows Gedanken begannen sich jetzt im Kopf zu verwirren. Fast wurde ihm schwindelig. ‚Warst du mit Lisaweta bekannt?'
‚Nicht nur bekannt, wir waren befreundet. Sie war ein so wunderbarer Mensch voller Hoffnung und Glauben. Wir haben oft miteinander gesprochen, und nun ist sie tot. Aber sie wird Gott schauen!'
Dieses Bibelwort berührte ihn in seinem Innern. Er musste denken: Sonja kannte Lisaweta, und ich habe sie getötet. Beide sind sie Gottesnärrinnen!
Er bestand darauf, dass Sonja ihm die Geschichte vom

Lazarus, der von Jesus aus dem Tode auferweckt wurde, vorlese. Sonja blätterte im Johannesevangelium und hatte Mühe, den ersten Vers über die Lippen zu bringen. Es wurde ihr schwer, ihr Innerstes zu offenbaren. Ihr Leben mit Gott war ihr ein Geheimnis. Dann aber begann sie das 11. Kapitel im Johannesevangelium zu lesen, und mit jedem Vers, den sie las, klang ihre Stimme heller. Manchmal musste sie anhalten und neu Luft holen.
Der letzte Vers war gelesen. Sonja schlug das Buch zu und erhob sich rasch.
‚Das ist alles, was über die Erweckung des Lazarus geschrieben steht', flüsterte sie stockend und abweisend, wandte sich zur Seite und blieb regungslos stehen, da sie nicht wagte – und sich wohl auch schämte –, den Blick zu ihm zu erheben. Sie zitterte noch immer wie im Fieber. Die Kerze in dem schiefen Leuchter war schon tief heruntergebrannt und beleuchtete trübe den Mörder und die Buhlerin in diesem armseligen Zimmer, die sich beim Lesen des Ewigen Buches so seltsam gefunden hatten. Fünf Minuten oder noch mehr vergingen."

Vielleicht das letzte Gespräch zweier Liebenden

Dann fuhr Raskolnikow im Gespräch fort:

„‚Sonja, ich wollte mit dir noch eine wichtige Sache besprechen, denn ich habe mich heute von meiner Mutter und Schwester getrennt.' Sonja begriff gar

*nicht, was dies zu bedeuten hatte. Das Zusammentreffen mit seinen Angehörigen hatte nämlich einen tiefen Eindruck auf sie gemacht. Sollte nun diese Verbindung so jäh zerstört sein? Entsetzen packte sie.
‚Nur du allein bist mir geblieben. Wir müssen nun zusammenhalten und unsern Weg gemeinsam gehen.'
‚Ist er verrückt geworden?', musste sie denken und wendete sich von ihm ab. In diesem Augenblick ahnte sie, wie verzweifelt er war.
Dann fuhr er fort: ‚Vielleicht spreche ich zum letzten Mal mit dir. Wenn ich morgen nicht wiederkomme, wirst du von andern alles erfahren, und dann erinnere dich meiner jetzigen Worte. Und später einmal, nach Jahren vielleicht, wirst du verstehen, was sie bedeuten. Wenn ich morgen wiederkomme, werde ich dir sagen, wer Lisaweta getötet hat. Leb wohl!'
Sonja zitterte vor Furcht.
‚Wissen Sie denn, wer sie umgebracht hat?', fragte sie in eiskaltem Entsetzen und sah ihn verstört an.
‚Ich weiß es und werde es dir sagen ... dir, nur dir! Dich habe ich auserwählt. Ich werde nicht kommen, dich um Vergebung zu bitten, sondern um dir die Wahrheit zu sagen; ... Gib mir nicht die Hand. Auf morgen!'
Er ging. Sonja sah ihm nach wie einem Irren; aber auch sie war gleichsam von Sinnen und fühlte das. Ihr schwindelte. O Gott! Wieso weiß er, wer Lisaweta getötet hat? Was bedeuten seine Worte? Das ist furchtbar! Doch trotzdem kam ihr ein Gedanke nicht in den Kopf. Keineswegs! Auch nicht von ferne! ... Oh, er muss grauenvoll unglücklich sein! ... Was hat er noch vor? Er hat mir den Fuß geküsst und gesagt ...*

gesagt – ja, er hat das klar ausgesprochen – , dass er ohne mich nicht mehr leben könne ... Oh mein Gott und Herr!"

Das Geständnis

Wie eng ihre Liebe zueinander ist, wird in dem Gespräch offenbar, und diese Beziehung erreicht, was kein Richter mit noch so geschickten und klugen Befragungen an Einsicht hätte wecken können. Der Mörder erkennt seine schreckliche Bluttat als Schuld und empfindet Reue. Diese Szene, in der Raskolnikow seiner Geliebten die beiden Morde gesteht, gehört zu den ergreifendsten in dieser Begebenheit. Hier kommt die Dichtkunst Dostojewskis in Vollkommenheit zum Tragen.

> *„Wieder bedeckte er sein Gesicht mit den Händen und ließ den Kopf sinken. Plötzlich wurde er ganz blass; er stand vom Stuhl auf, sah Sonja an und setzte sich, ohne ein Wort zu reden und ohne selbst zu wissen, was er tat, auf ihr Bett.*
> *Dieser Augenblick hatte für seine Empfindung eine entsetzliche Ähnlichkeit mit jenem Augenblick, als er hinter der Alten stand, bereits das Beil aus der Schlinge losgemacht hatte und sich sagte, dass keine Sekunde mehr zu verlieren sei.*
> *‚Was haben Sie?', fragte Sonja, der ganz bange geworden war.*
> *Er konnte kein Wort hervorbringen. Den Hergang bei der Eröffnung, die er ihr machen wollte, hatte er*

sich im Voraus ganz, ganz anders vorgestellt gehabt und begriff selbst nicht, was jetzt in ihm vorging. Sie ging leise zu ihm hin, setzte sich neben ihn auf das Bett und wartete ab, ohne die Augen von ihm abzuwenden. Ihr Herz schlug heftig und drohte zu zerspringen. Die Lage wurde unerträglich; er wandte sein totenblasses Gesicht zu ihr hin; seine Lippen verzogen sich kraftlos in dem Bemühen, ein Wort herauszubringen. Sonja wurde von Entsetzen gepackt.

‚*Was haben Sie?*‘, *fragte sie noch einmal und bog sich dabei ein wenig von ihm weg.*

‚*Nichts, Sonja! Ängstige dich nicht … Unsinn! Wirklich, wenn man es vernünftig überlegt, es ist Unsinn!*‘ *murmelte er mit der Miene eines Fieberkranken, der von sich nichts weiß.* ‚*Warum bin ich eigentlich hergekommen, wenn ich dich doch nur quälen will!*‘, *fügte er plötzlich hinzu und blickte sie an.*

‚*Wirklich, warum? Das frage ich mich fortwährend, Sonja …*‘ *Er hatte sich diese Frage tatsächlich vor einer Viertelstunde vorgelegt; aber jetzt redete er das in völliger Kraftlosigkeit nur so hin; er wusste kaum von sich selbst, und fühlte ein unaufhörliches Zittern und Frösteln im ganzen Körper.*

‚*Ach, wie schwer Sie leiden!*‘, *sagte sie mit schmerzlicher Teilnahme, während sie ihn betrachtete.*

‚*Es ist ja alles Unsinn …! Also höre mal, Sonja*‘; *er lächelte wieder (so ein blasses, mattes Lächeln von ganz kurzer Dauer);* ‚*erinnerst du dich, was ich dir gestern sagen wollte?*‘

Sonja wartete in großer Unruhe.

‚*Ich sagte zu dir beim Fortgehen, dass ich vielleicht für immer von dir Abschied nähme, wenn ich aber*

heute wiederkäme, so würde ich dir sagen ... wer Lisaweta ermordet hat.'
Sie begann am ganzen Leib zu zittern.
,Nun; also ich bin hergekommen, um es dir zu sagen.'
,Haben Sie das wirklich gestern ...?', flüsterte sie mit Anstrengung.
,Woher wissen Sie es denn?', fragte sie hastig, als sammelte sie auf einmal wieder ihre Gedanken.
Ihr Atem ging schwer; ihr Gesicht wurde blasser und blasser.
,Ich weiß es.'
Sie schwieg eine Minute lang.
,Hat man ihn gefunden?', fragte sie schüchtern.
,Nein, man hat ihn nicht gefunden.'
,Wie können Sie denn dann wissen, wer es gewesen ist?', fragte sie wieder kaum hörbar und wieder nach einem Schweigen, das fast eine Minute dauerte.
Er wandte sich zu ihr um und blickte sie scharf und unverwandt an.
,Rate!', antwortete er mit dem früheren verzerrten, matten Lächeln.
Krampfhafte Zuckungen liefen durch ihren ganzen Körper.
,Warum ... warum ... erschrecken Sie mich ... denn so?', fragte sie und lächelte dabei wie ein Kind.
,Ich muss wohl doch sehr nahe befreundet mit ihm sein ..., da ich es weiß', fuhr Raskolnikow fort und sah ihr dabei unausgesetzt ins Gesicht, als könnte er seine Augen gar nicht von ihr abwenden. ,Er wollte diese Lisaweta ... nicht töten ... Er hat sie ... nur zufällig getötet ... Er wusste, dass sie allein war ...

darum war er hingegangen ... Und da kam Lisaweta dazu ... Da tötete er auch sie.'

Es verging noch eine entsetzliche Minute; beide sahen einander an.

‚Du kannst es also nicht raten?', fragte er auf einmal mit einer Empfindung, als ob er sich von einem Turm herabstürzte.

‚Nein', flüsterte Sonja kaum hörbar.

‚Sieh einmal ordentlich her!'

Sobald er das gesagt hatte, ließ eine Empfindung, die er schon von früher her kannte, ihm plötzlich das Herz zu Eis erstarren: Er blickte sie an, und es war ihm auf einmal, als sähe er in ihrem Gesicht das Gesicht Lisawetas. Er erinnerte sich deutlich an Lisawetas Gesichtsausdruck, wie er da mit dem Beil auf sie zutrat und sie vor ihm zu der Wand zurückwich, die Hand ein wenig vorstreckend, mit einem geradezu kindhaften Ausdruck von Angst im Gesicht, ganz genau wie kleine Kinder, die, auf einmal durch etwas in Furcht versetzt, den Gegenstand ihrer Furcht starr und ängstlich anblicken, zurückweichen und, die Händchen vorstreckend, zu weinen anfangen. Fast ganz ebenso ging es jetzt bei Sonja. Ebenso kraftlos, mit der gleichen Angst sah sie ihn eine Weile an; dann streckte sie auf einmal die linke Hand vor, berührte ganz leise, wie abwehrend, mit den Fingern seine Brust und begann ganz langsam sich vom Bett zu erheben, wobei sie immer mehr vor ihm zurückwich und ihr auf ihn gerichteter Blick immer starrer wurde.

Ihr Entsetzen teilte sich auch ihm mit: Ganz dieselbe Angst zeigte sich auf seinem Gesicht, und er schaute

sie ganz ebenso an, beinahe sogar mit dem gleichen kindhaften Lächeln.
‚Hast du es erraten?', flüsterte er endlich.
‚O Gott!', rang sich ein furchtbarer Klageschrei aus ihrer Brust.
Kraftlos sank sie auf das Bett zurück, mit dem Gesicht in die Kissen. Aber im nächsten Augenblick richtete sie sich schnell wieder auf, rückte ihm eilig näher, ergriff seine beiden Hände, drückte sie mit ihren dünnen Fingern so fest sie konnte, und sah ihm wieder starr, als könnte sie die Augen gar nicht von ihm losbekommen, ins Gesicht. Mit diesem letzten, verzweiflungsvollen Blick wollte sie die Hoffnung, falls es eine solche noch für sie gäbe, erspähen und erhaschen.
Aber es war nichts mehr zu hoffen; es blieb kein Zweifel übrig; alles war so, wirklich so! Selbst nachher in späteren Zeiten, wenn sie sich an diesen Augenblick erinnerte, erschien es ihr seltsam und wunderbar, woran sie eigentlich damals sofort mit solcher Sicherheit gesehen habe, dass keinerlei Zweifel mehr bestehen könne. Sie konnte gewiss nicht sagen, dass sie etwas Derartiges geahnt hätte. Und doch hatte sie jetzt, nachdem er ihr eben erst diese Mitteilung gemacht hatte, das Gefühl, als hätte sie tatsächlich gerade dies geahnt.
‚Lass es genug sein, Sonja, hör auf! Quäle mich nicht!', bat er in tiefstem Schmerz.
Er hatte ihr die Eröffnung in ganz, ganz anderer Weise machen wollen, und nun war es so gekommen.
Wie von Sinnen sprang sie auf und ging händeringend bis in die Mitte des Zimmers; aber dann wand-

te sie sich schnell um und setzte sich wieder neben ihn, so dass ihre Schulter fast die seine berührte. Plötzlich fuhr sie zusammen, wie wenn ihr jemand einen heftigen Stich versetzt hätte, schrie auf und warf sich, ohne selbst zu wissen, warum sie das tat, vor ihm auf die Knie. ‚Wie haben Sie das übers Herz bringen können!', rief sie voller Verzweiflung.

Sie sprang von den Knien auf, fiel ihm um den Hals, umschlang ihn und drückte ihn mit ihren Armen fest an sich.

Raskolnikow machte sich von ihr los und blickte sie mit trübem Lächeln an.

‚Wie sonderbar du bist, Sonja! Du umarmst und küsst mich, nachdem ich dir das von mir gesagt habe. Du weißt wohl gar nicht, was du tust.'

‚Nein, nein, auf der ganzen Welt gibt es keinen unglücklicheren Menschen als dich!', rief sie wie eine Rasende, ohne seine Bemerkung gehört zu haben, und brach dann in ein schluchzendes Weinen aus, das sie krampfhaft schüttelte.

Ein Gefühl, das er seit langer Zeit nicht mehr gekannt hatte, flutete wie eine mächtige Welle in sein Herz hinein und machte es weich und milde. Er widersetzte sich diesem Gefühl nicht: Zwei Tränen quollen aus seinen Augen und blieben an den Wimpern hängen.

‚Du willst mich also nicht verlassen, Sonja?', sagte er und blickte sie mit einem Schimmer von Hoffnung an.

‚Nein, nein, nie und nirgends!', rief Sonja. ‚Ich folge dir, ich folge dir überallhin! O Gott ...! Ach, ich Unglückliche ...! Und warum, warum habe ich dich

nicht früher gekannt? Warum bist du nicht früher gekommen? O Gott!'
‚Nun, jetzt bin ich doch gekommen.'
‚Jetzt! O, was ist jetzt zu tun ...! Wir bleiben zusammen, wir bleiben zusammen!', rief sie wie von Sinnen und umarmte ihn von neuem. ‚Ich gehe mit dir zusammen zur Zwangsarbeit nach Sibirien!'"

Sonja beweist sich als gläubige Christin, sie richtet nicht, sondern will nun dem Mann, der sich ihr anvertraut hat, zur Sühne und Befreiung helfen. Sie empfindet ihm, dem Verbrecher, gegenüber liebendes Mitleid. Später verteidigt er sein Handeln gegenüber Sonja.

"‚Sonja! (...) Höre noch dies: Als ich damals zu der Alten ging, kam es mir nur darauf an, einen Versuch zu machen ... Nun weißt du es!'
‚Und Sie haben sie ermordet, ermordet!'
‚Wie kann man denn das Ermorden nennen? Ermordet man denn jemand so? Geht etwa einer, der morden will, so hin, wie ich damals hinging? Ich will dir ein andermal erzählen, wie ich hingegangen bin. Habe ich etwa die alte Frau ermordet? Mich selbst habe ich ermordet und nicht die alte Frau! Da habe ich mit einem Schlag mich selbst vernichtet, fürs ganze Leben...! Die alte Frau selbst aber hat der Teufel getötet, nicht ich ... Genug, genug, Sonja, genug! Nun lass mich in Ruhe!', rief er plötzlich in krampfhaftem Schmerz. ‚Lass mich in Ruhe!'

Er stützte die Ellbogen auf die Knie und presste seinen Kopf mit den Handflächen wie mit einer Zange zusammen."

Küsse die geschändete Erde!

Es ist Sonja, die ihm die Augen für seine Schuld öffnet und die Ursachen seines bösen Handelns aufzeigt. Die Frau seiner Liebe trifft mit ihren klagenden Worten sein Gewissen, und er muss ihr Recht geben.

"‚Ja, nicht wahr, Sonja , – als ich so im Dunkel lag und mir das alles ausdachte, da hat mich der Teufel verwirrt? Nicht wahr?'"

Und das Eingeständnis seiner Schuld gipfelt in dem einen Satz:

„Ich war böse geworden."

„‚O, dieses Leid'", stöhnte Sonja qualvoll auf.
‚Was soll ich jetzt machen? Sag mir das!', fragte er, während er plötzlich den Kopf hob und sie, das Gesicht vor Verzweiflung grauenhaft verzerrt ansah.
‚Was du machen sollst?', rief sie und sprang auf; ihre Augen, die bisher voll Tränen gewesen waren, begannen zu funkeln. ‚Steh auf!' Sie packte ihn bei der Schulter; er erhob sich und blickte sie fast verwundert an. ‚Geh jetzt, geh noch im selben Augenblick, stell dich an die Straßenecke, beuge dich nieder, küsse zuerst die Erde, die du geschändet hast, und sage laut: Ich habe getötet! Dann wird dir Gott dein Leben wie-

derschenken. Gehst du? Gehst du?', fragte sie ihn, und sie zitterte am ganzen Leib wie in einem Anfall, nahm seine beiden Hände, drückte sie fest in den ihren und sah ihn mit einem lodernden Blick an.
Er staunte und war geradezu erschüttert von dieser unerwarteten Begeisterung.
‚Meinst du damit die Zwangsarbeit, Sonja? Muss ich mich selbst stellen?', fragte er düster.
‚Du musst dein Leid auf dich nehmen und damit deine Tat sühnen, das sollst du tun.'
Er war verwundert und geradezu bestürzt über ihre plötzliche Verzücktheit."

Eine neue Morgenröte strahlt auf

Sonja gelingt es gemeinsam mit dem Richter, dass Raskolnikow seine Tat gesteht. Aber der Roman endet, ohne dass er seine Schuld bereut. Erst im Nachwort wird der Leser in Kenntnis gesetzt, dass der Mörder nach Sibirien in die Katorga geschickt wird und Sonja ihm folgt. Sie macht ihr Versprechen wahr. In der Verbannung kommt es doch noch bei Raskolnikow zu einer Einsicht und Buße.

Dostojewski schreibt:

„Er schämte sich nicht des geschorenen Kopfes und der Ketten: Sein Stolz war schwer verwundet, und diese Verwundung seines Stolzes war auch die Ursache seiner Krankheit. O, wie glücklich wäre er gewesen, wenn er sich selbst seine Schuld hätte beimessen können! Dann hätte er alles gern ertragen, auch

Schande und Schmach. Aber so streng er auch mit sich ins Gericht ging, so fand sein verstocktes Gewissen doch in seiner Vergangenheit keine so schreckliche Schuld, außer etwa einem einfachen ‚Fehlschluss', wie er einem jeden vorkommen konnte. Er schämte sich namentlich darüber, dass er, Raskolnikow, so blind und taub , unvorsichtig und dumm, gleichsam gemäß dem Spruch eines blinden Fatums, sich zugrunde gerichtet hatte und nun sich einem ‚absurden' richterlichen Urteil beugen und unterwerfen musste, wenn er nur einigermaßen innerlich zur Ruhe kommen wollte.

Hätte doch das Schicksal ihm wenigstens Reue eingegeben, eine brennende Reue, die das Herz verzehrt und den Schlaf verscheucht, jene Reue, deren schreckliche Qualen einem den Selbstmord durch den Strick oder im Wasser verlockend erscheinen lassen. O, er hätte sich über eine solche Reue gefreut! Qualen und Tränen, das ist doch wenigstens Leben. Aber er bereute sein Verbrechen nicht.

‚Warum erscheint denn meine Tat den Menschen so ungeheuerlich?', fragte er sich. ‚Deshalb, weil es eine böse Tat ist? Was bedeutet das: eine böse Tat? Mein Gewisen ist ruhig. Gewiss, ich habe ein Kriminalverbrechen begangen; gewiss, ich habe den Buchstaben des Gesetzes verletzt und Blut vergossen; nun wohl, nehmt für den Buchstaben des Gesetzes meinen Kopf ..., und die Sache ist erledigt! Allerdings hätten dann auch viele Wohltäter der Menschheit, die ihre Macht nicht ererbt, sondern selbst an sich gebracht haben, gleich bei ihren ersten Schritten hingerichtet werden müssen. Aber jene Männer führten ihre Schritte mit

Kraft und Ausdauer durch, und darum waren sie im Recht; ich aber wurde dabei schwach, und folglich hatte ich kein Recht gehabt, mir diesen Schritt zu erlauben.'
Nur in diesem Punkt erkannte er sein Verbrechen an; nur darin, dass er nicht vermocht hatte, den Schritt durchzuführen, und sich selbst angezeigt hatte.
Auf einmal stand Sonja neben ihm. Sie war fast unhörbar herangekommen und setzte sich nun zu ihm. Es war noch sehr früh am Tage; die Morgenkälte war noch nicht milder geworden. Sie trug ihre alte ärmliche Pelerine und das grüne Tuch. Ihr Gesicht zeigte noch die Spuren der überstandenen Krankheit; es war recht mager, blass und kümmerlich geworden. Sie lächelte ihm mit freundlicher, froher Miene zu; aber die Hand streckte sie ihm wie gewöhnlich nur schüchtern hin.
Dies tat sie immer nur schüchtern und mitunter gar nicht, als fürchte sie seine Zurückweisung. Denn er nahm ihre Hand immer wie mit innerem Widerstreben, zeigte sich bei solchen Begegnungen stets verdrossen und schwieg manchmal hartnäckig während der ganzen Zeit, wenn Sonja bei ihm war. Es kam vor, dass sie vor ihm geradezu zitterte und tief betrübt fortging. Jetzt aber trennten sich die Hände beider nicht; er warf ihr einen schnellen, hastigen Blick zu, sprach kein Wort und richtete seine Augen auf die Erde. Sie waren allein; niemand sah sie. Der inzwischen zurückgekehrte Wachsoldat hatte sich gerade umgewandt.
Wie es zuging, wusste er selbst nicht; aber plötzlich war es ihm, als ob ihn eine unwiderstehliche Kraft

packe und zu ihren Füßen niederwerfe. Er weinte, und umschlang ihre Knie. Im ersten Augenblick erschrak sie heftig, und ihr ganzes Gesicht wurde totenblass. Sie sprang auf und sah ihn zitternd an. Aber sofort, im selben Augenblick, war ihr alles klar. In ihren Augen leuchtete eine grenzenlose Glückseligkeit auf; sie hatte ihn verstanden, und es gab für sie keinen Zweifel mehr, dass er sie liebe, sie grenzenlos liebe und dass der lang ersehnte Augenblick endlich gekommen sei.

Sie wollten sprechen, aber sie konnten es nicht. Die Tränen standen ihnen beiden in den Augen. Beide waren sie blass und mager; aber auf diesen blassen, kranken Gesichtern strahlte schon die Morgenröte einer neuen Zukunft, einer völligen Wiedergeburt zu neuem Leben. Die Liebe war es, die diese Wiedergeburt bewirkt hatte; dem Herzen des einen entsprudelten unerschöpfliche Quellen des Lebens für das Herz des anderen."

Die Liebe zweier Menschen lässt sich nicht tiefer und schöner beschreiben, als es Dostojewski hier gelingt. Aber auch der schuldvolle Konflikt wird enthüllt. Sonja ist eine gläubige Christin. Sie will kein Urteil fällen, sondern will ihrem Geliebten helfen, dass er seine Tat sühnt. Ein inniges Verstehen und herzliches Mitleid verbindet sie mit Raskolnikow.

Das ist ein gewaltiger Satz, mit dem Sonja das Schuldeingeständnis ihres Geliebten begleitet.

„Ich gehe mit dir zusammen zur Zwangsarbeit nach Sibirien."

Wer die russischen Straflager kennt, weiß, welch ein Opfer diese junge Frau auf sich nimmt.

Wo in der Geschichte von Menschen gibt es einen größeren Liebesbeweis?

Dieser Roman „Schuld und Sühne" ist ein Welterfolg geworden. Atemberaubend ist dieses großartige Werk. Hier hat sich Dostojewski ganz bewusst zu Christus bekannt. Die Wiedergeburt zu einem neuen Leben ist nur durch den Erlöser möglich. Aber die Reue ist unerlässlich.

„Der Spieler"

In dem Roman „Der Spieler" schildert Dostojewski seine Spielsucht. Seine Leidenschaft bricht hier in einem Maße auf, wie sie kaum ein Mensch verstehen wird.

> *„Es war Viertel vor elf. Ich ging zum Kurhaus in einer so festen Hoffnung und zugleich in einer so starken Aufregung, wie ich sie noch nie empfunden hatte. In den Spielsälen befanden sich noch ziemlich viele Menschen, wiewohl nur etwa halb so viele wie am Vormittag.*
> *Nach zehn Uhr blieben nur die echten passionierten Spieler zurück, für die an den Kurorten nichts weiter existiert als das Roulette, die nur deshalb hingekommen sind, die kaum bemerken, was um sie herum vorgeht, sich während der ganzen Saison für weiter nichts interessieren, sondern nur vom Morgen bis in die Nacht hinein spielen und womöglich auch noch*

die ganze Nacht über bis zum Morgengrauen würden spielen wollen, wenn es gestattet wäre. Nur ungern und unwillig gehen sie allabendlich weg, wenn um zwölf Uhr das Roulette geschlossen wird. Und wenn der Obercroupier vor dem Schluss des Roulettes gegen Mitternacht ruft: ‚Les trois Derniers Coups, messieurs!', so setzen sie mitunter bei diesen drei letzten Malen alles, was sie in der Tasche haben, und pflegen tatsächlich gerade dann am meisten zu verlieren. Ich ging zu demselben Tisch, an dem kurz vorher die Tante gesessen hatte. Es war kein übermäßiges Gedränge, so dass ich sehr bald einen Stehplatz erlangte. ... Ich hatte gewonnen – und setzte wieder alles, was ich gehabt hatte, und was hinzugekommen war.

‚Trente et un', ertönte die Stimme des Croupiers.

Ein neuer Gewinn. Im Ganzen besaß ich jetzt also achtzig Friedrichsdor. Ich schob sie alle achtzig auf die Gruppe der zwölf mittleren Zahlen (man erhält zu seinem Einsatz das Doppelte als Gewinn hinzu, hat aber zwei Chancen gegen sich und nur eine für sich); das Rad drehte sich, und es kam Vierundzwanzig. Man legte mir drei Rollen mit je fünfzig Friedrichsdor und zehn einzelne Goldstücke hin; mit dem Früheren zusammen hatte ich jetzt zweihundertvierzig Friedrichsdor.

Ich war wie im Fieber und schob diesen ganzen Haufen Geld auf Rot – und nun kam ich plötzlich zur Besinnung! Nur dieses einzige Mal im Laufe des ganzen Abends, während meines ganzen Spiels, geschah es, dass mir vor Angst ein kalter Schauder über den Rücken lief und mir Arme und Beine zitterten. Mit

Schrecken erkannte und fühlte ich für einen Moment, was es für mich bedeutete, wenn ich jetzt verlor! Mit diesem Einsatz stand mein ganzes Leben auf dem Spiel!

‚Rouge!', rief der Croupier – und ich atmete tief auf; ein feuriges Kribbeln ging über meinen ganzen Leib. Die Auszahlung erfolgte an mich in Banknoten; im Ganzen hatte ich also jetzt viertausend Gulden und achtzig Friedrichsdor. Ich war zu diesem Zeitpunkt noch imstande, die einzelnen Rechenexempel auszuführen.

Ich erinnere mich, dass ich dann zweitausend Gulden auf die zwölf mittleren Zahlen setzte und sie verlor; ich setzte mein ganzes Geld, die achtzig Friedrichsdor, und verlor es. Da packte mich die Wut. Ich nahm die letzten mir verbliebenen zweitausend Gulden und setzte sie auf die zwölf ersten Zahlen – gedankenlos, aufs Geratewohl, wie es sich gerade traf, ohne jede Berechnung! Aber es trat doch für mich ein Augenblick der Erwartung ein, in welchem meine Empfindung eine gewisse Ähnlichkeit gehabt haben mag mit der Empfindung der Madame Blanchard, als sie in Paris vom Luftballon herabfiel und auf die Erde zustürzte.

‚Quatre!', rief der Croupier.

Nun hatte ich mit dem Einsatz wieder sechstausend Gulden. Jetzt fühlte ich mich bereits als Sieger; ich fürchtete nichts, schlechterdings nichts mehr und warf viertausend Gulden auf Schwarz. Ein Dutzend Spieler beeilte sich, meinem Beispiel folgend, gleichfalls auf Schwarz zu setzen. Die Croupiers warfen sich vielseitige Blicke zu und besprachen sich miteinan-

der. Die Umstehenden redeten von diesem Einsatz und warteten gespannt auf den Ausgang.
Es kam Schwarz. Von da an besinne ich mich weder auf die Höhe noch auf die Reihenfolge meiner Einsätze. Ich habe nur eine traumhafte Erinnerung, dass ich schon stark gewonnen hatte, etwa sechzehntausend Gulden, und auf einmal, durch drei unglückliche Spiele, zwölftausend davon wieder einbüßte; dann schob ich die übrigen viertausend auf passe (aber jetzt hatte ich dabei fast gar keine besondere Empfindung mehr; ich wartete nur sozusagen mechanisch, ohne Gedanken) – und gewann wieder; darauf gewann ich noch viermal hintereinander. Ich erinnere mich nur, dass ich das Geld zu Tausenden einheimste; auch besinne ich mich, dass besonders häufig die zwölf mittleren Zahlen herauskamen, an denen ich daher auch vorzugsweise festhielt. Sie erschienen mit einer gewissen Regelmäßigkeit unfehlbar drei-, viermal hintereinander; dann verschwanden sie für zweimal und kehrten darauf wieder für drei- oder viermal nacheinander zurück. Diese wundersame Regelmäßigkeit kommt mitunter, sozusagen strichweise vor – und das ist es gerade, was die eingefleischten Spieler aus dem Konzept bringt, die mit dem Bleistift in der Hand rechnen. Und mit welchem schrecklichen Hohn und Spott behandelt das Schicksal nicht selten die Spieler! Ich glaube, es war seit meiner Ankunft nicht mehr als eine halbe Stunde vergangen, da benachrichtigte mich der Croupier, ich hätte dreißigtausend Gulden gewonnen, und da die Bank bei so hohem einmaligem Verlust zur Fortsetzung des Spieles nicht verpflichtet sei, werde das Roulette bis morgen früh geschlos-

sen. Ich nahm all mein Gold und schüttete es mir in die Taschen; ich nahm auch alle meine Banknoten und ging an einen andern Tisch hinüber, in einen andern Saal, wo sich ein anderes Roulette befand; hinter mir her strömte der ganze Spielerschwarm dorthin. Hier wurde sogleich für mich ein Platz freigemacht, und ich begann wieder zu setzen, blindlings und ohne zu überlegen. Ich begreife nicht, was mich rettete! Mitunter huschte mir allerdings der Gedanke durch den Kopf, ich müsse doch mit Berechnung setzen. Ich hielt mich dann eine Weile an bestimmte Zahlen und bestimmte andere Arten des Einsatzes, hörte aber bald wieder auf und setzte von neuem fast ohne Bewusstsein. Ich musste wohl sehr zerstreut sein; denn ich erinnere mich, dass die Croupiers mein Spiel mehrfach korrigierten. Ich beging grobe Fehler. Meine Schläfen waren feucht vor Schweiß, und die Hände zitterten mir. Auch die Polen wollten sich mir mit ihren Diensten aufdrängen; aber ich hatte für niemand Ohren. Das Glück blieb mir fortwährend treu! Auf einmal erhob sich um mich herum Stimmengewirr und Lachen. ‚Bravo, bravo!', riefen alle, und klatschten sogar in die Hände. Ich hatte auch hier dreißigtausend Gulden erbeutet, und auch diese Bank wurde bis zum nächsten Tag geschlossen.

‚Gehen Sie fort, gehen Sie fort!', flüsterte mir eine Stimme von rechts zu.

Es war ein Frankfurter Jude; er hatte die ganze Zeit über neben mir gestanden und mir wohl manchmal beim Spiel geholfen.

‚Um Gottes willen, gehen Sie fort!', flüsterte eine andere Stimme an meinem linken Ohr."

Dostojewski weiß, wovon er schreibt. Er hat diese Sucht am eigenen Leibe schmerzhaft durchkosten müssen und begriff sich oft selber nicht mehr.

Trotzdem der Dichter oft den letzten Heller verspielt hat und die junge Ehe ständig mit Geldsorgen belastet war, hat seine Frau zu ihm gestanden. In seinem ersten Brief an sie schreibt er:

> *„Du bist meine Zukunft, die ganze – und die Hoffnung, mein Glaube und mein Glück, und meine Seligkeit – alles."*

Mehrere schwerwiegende Umstände und leidvolle Erfahrungen haben Dostojewski in seinem Leben nachdenklich gemacht und eine Rückbesinnung auf die wahren Werte ausgelöst. Er wird sich seines verwerflichen Handelns in den Spielkasinos bewusst. Seine Nerven sind angeschlagen und liegen blank. Mit seiner Gesundheit ist es nicht zum Besten bestellt. Kaum besitzt er eine kleinere Summe, so muss er sie fast augenblicklich verspielen. Diese Spielsucht plagt ihn gewaltig. In einem Brief an seine Frau schreibt er, nachdem sie ihm wieder etwas Geld geschickt hat:

> *„Mein himmlischer Engel, du hast es natürlich schon begriffen – ich habe alles verspielt, die ganzen dreißig Taler, die du mir geschickt hast. Denke daran, dass du meine einzige Retterin bist, und dass es niemand auf der Welt gibt, der mich lieb hätte. Wegen der 30 Taler, die ich dir geraubt hatte, schäme ich mich so sehr! Glaubst du mir, mein Engel, dass ich das ganze Jahr davon träumte, dir ein paar*

Ohrringchen zu kaufen, als Ersatz für jene, die ich dir bis jetzt nicht wiedergegeben habe? Du hast für mich in diesen vier Jahren alles verpfändet und bist trotz deines Heimwehs mit mir herumgewandert! Anja, denke daran, dass ich kein Schuft bin, sondern nur ein leidenschaftlicher Spieler. Zehn Jahre (oder richtiger: seit dem Tode meines Bruders, als ich plötzlich von Schulden fast erdrückt wurde) träumte ich immer davon, im Spiel zu gewinnen. Ernsthaft träumte ich davon, leidenschaftlich. Jetzt ist alles vorbei! Das ist wirklich das allerletzte Mal! Wirst du mir glauben, Anja, dass meine Hände jetzt frei sind? Ich war durch das Spiel gefesselt, jetzt werde ich an die Arbeit denken und nicht mehr nächtelang vom Spiel träumen, wie es bisher der Fall war. Und dann wird auch die Arbeit besser und rascher voranschreiten, und Gott wird sie segnen! Anja, bewahre mir dein Herz, hasse mich nicht, entziehe mir nicht deine Liebe. Jetzt, wo ich ein neuer Mensch geworden bin, wollen wir zusammen weitergehen, und ich werde alles tun, dass du glücklich wirst. Ich werde mein ganzes Leben daran denken, und ein jedes Mal dich, meinen Engel, segnen. Nein, jetzt bin ich nur noch dein, untrennbar der deine. Bisher gehörte ich zur Hälfte diesem verfluchten Trugbild." Diesmal hält Dostojewski sein Versprechen.

Wie wiedergeboren

Zu seiner inneren Erschütterung trug auch ein Gemälde bei, das den gekreuzigten Christus darstellt. Er durchleidet beim Anblick des Erlösers, der auch für ihn sein Leben am Kreuz opferte, eine ungeheure seelische Ergriffenheit. Er schreibt darüber an seine Frau:

„Ich bin wie wieder geboren, moralisch ganz neu geboren (das sage ich dir und Gott), und wenn es in diesen drei Tagen nicht all die Qual um dich gegeben hätte, das ständige Denken: Was wird aus dir? – dann wäre ich sogar glücklich. Glaube nicht, ich sei wahnsinnig, Anja, du mein Schutzengel! Mir ist etwas ganz Großes widerfahren, diese abscheuliche Phantasterei, die mich beinahe zehn Jahre lang gequält hat, ist verschwunden. Zehn Jahre hatte ich immer gehofft zu gewinnen. Träumte davon ernsthaft, leidenschaftlich. Jetzt ist das vorbei! Es war eindeutig das letzte Mal! Anja, glaube mir, unsere Auferstehung hat begonnen, ich werde dich glücklich machen!"

In einer kurzen Mitteilung vermerkt Dostojewski am Ende seines Briefes, dass es das Beste sei, so schnell wie möglich nach Russland zurückzukehren. Es muss schon ein dramatisches, fast mystisches Geschehen in der Nacht von Wiesbaden gewesen sein, das ihn von der Spielleidenschaft befreit hat. Er erwähnt, dass er im Traum seinem Vater dreimal begegnet sei, und das bedeute für ihn Unglück. Aber er hat nie sein Geheimnis ganz preisgegeben.

Über Dostojewskis Schuld und über seine Charakterfehler schreibt Walter Nigg:

„Keineswegs war Dostojewski seit Sibirien ein vollkommener Mensch. Der Dichter hat nichts von einem Heiligen an sich. Aber es ist ein gewissenloses Gerede, wenn noch ein Thomas Mann von dem heiligen Verbrecherantlitz Dostosjewskis sprach. Gewiss hatte er Schlacken an seinem Charakter, wenn an seine Spielleidenschaft gedacht wird. Er hat jedoch immer wieder mit sich selbst gerungen, bis er schließlich über die niederen Mächte gesiegt hatte. Auch ist er über die verhängnisvolle Spielsucht, die ihn umklammert hielt, durch jenes nächtliche Erlebnis vor der verschlossenen Tür einer Synagoge Herr geworden. Damals schrieb er seiner Frau: ‚Dieser Traum ist nun endgültig ausgeträumt! Jetzt habe ich mich von diesem Wahn befreit ... und mir ist, als wäre ich sittlich neu geboren – ich sage das dir und Gott – ein Großes ist mir widerfahren, verschwunden ist die scheußliche Phantasie, die mich fast zehn Jahre lang geplagt hat ... Jetzt, wo ich ein neuer Mensch geworden bin.' Es war dies nicht bloß ein Lippenbekenntnis. Dostojewski hat in seinem Leben eine christliche Wiedergeburt durchgemacht, sie kann gar nicht in Abrede gestellt werden. Sie war auch schließlich in seinem Aussehen wahrzunehmen, was mehrere Schilderungen seiner Persönlichkeit bezeugen.

Das aus schweren Erlebnissen hervorgegangene Prophetentum ließ Dostojewski reif werden zu größeren Aufgaben seines Lebens: zur religiösen Überwindung des Nihilismus. Ohne Christentum gibt es keine Austreibung der Dämonen, und ohne den Glauben an Gott wird der Kranke nicht wieder gesund werden. Das war Dostojewskis tiefste Überzeugung."

Nie mehr hat Dostojewski eine Spielhölle betreten. Mit heiterer Gelassenheit konnte er sich seiner schriftstellerischen Arbeit zuwenden. Er schrieb an einem neuen Roman „Die Dämonen".

„Der Idiot"

Auf einer Reise durch die Schweiz beginnt Dostojewski sein großes Werk „Der Idiot". Die äußeren Umstände für sein Schaffen sind denkbar schlecht. Die Geldsorgen setzen dem Dichter sehr zu. Die Vorschüsse, die er von seinem Verleger erhalten hat, sind in den vergangenen Monaten durch seine Spielsucht aufgebraucht. Außerdem erleidet er immer wieder epileptische Anfälle. Er fühlt sich stark unter Zeitdruck und wie von wilden Tieren gejagt. Die Verleger sind in ihren Forderungen unerbittlich. Sie verlangen, dass die gesetzten Termine eingehalten werden. Dostojewski beneidet andere russische Schriftsteller wie Tolstoi und Turgenjew, die immer in großer Ruhe haben arbeiten dürfen. Etwas spöttisch nennt er ihre Werke „Gutsbesitzerliteratur".

In dem Roman „Der Idiot" ist die Hauptfigur Fürst Myschkin, der nach einer schweren nervlichen Erkrankung fast geheilt nach Russland zurückkehrt. Er ist ein herzensguter, hilfsbereiter Mensch, aber seine Volksgenossen nennen ihn einen Idioten, da sie wissen, dass er in einer Heilanstalt gewesen war. Ständig lebt er an der Grenze zum Schwachsinn, und doch ist sein Gemüt von einem kindlichen Glauben erfüllt.

In diesem großartigen Werk zeichnet der Dichter sein eigenes Leiden. Er ist ja selbst ein schwer geplagter Epileptiker. Meisterhaft schildert er seine Situation und weiß seinem Leiden und seiner Pein Ausdruck zu verleihen.

So schreibt er:

„Er dachte unter anderem daran, dass es in seinem epileptischen Zustand fast unmittelbar vor einem Anfall (falls der Anfall im Wachen eintrat) eine Phase gab, wo sein Gehirn auf einmal mitten in Traurigkeit, seelischer Düsternis und Niedergeschlagenheit für Augenblicke gleichsam aufflammte und in einer ungewöhnlichen Aufwallung all seine Lebenskräfte schlagartig in höchste Spannung gerieten. Die Empfindung des Lebens und das Bewusstsein der eigenen Persönlichkeit verzehntfachten sich in diesen Augenblicken, die nur die Dauer eines Blitzes hatten. Verstand und Herz waren von einem ungewöhnlichen Licht durchleuchtet, auf einmal legten sich all seine Erregungen, all seine Zweifel und all seine Sorgen, sie gingen in eine Art höhere Ruhe über, voller klarer, harmonischer Freude und Hoffnung, mit einem vernünftigen Erkennen und einer Einsicht in die letzten Hintergründe. Aber diese Momente, diese Lichtblitze waren nur Vorläufer jener allerletzten Sekunde (nie mehr als eine Sekunde), mit der der Anfall selbst einsetzte. Diese Sekunde freilich war unerträglich. Wenn er später, in bereits wieder gesundem Zustand, über diesen Augenblick nachdachte, so sagte er sich oft, dass dieses Aufschimmern und Aufblitzen eines erhöhten Selbstgefühls und Selbstbewusstseins und somit auch eines ‚höheren Seins' nichts anderes sei als Krankheit, eine Aufhebung des normalen Zustandes,

und dass, wenn es sich so verhalte, diese überhaupt kein höheres Sein sei, sondern ganz im Gegenteil zu der allerniedrigsten Art des Seins gerechnet werden müsse. Und trotzdem gelangte er schließlich zu einer höchst paradoxen Schlussfolgerung: ‚Was liegt daran, dass dies Krankheit ist', sagte er sich, ‚was liegt daran, dass es eine nicht normale Anspannung ist, wenn das Resultat, der Augenblick dieser Empfindung, demjenigen, der nach Wiederkehr des Zustandes der Gesundheit sich daran erinnerte und es überdenkt, als die höchste Stufe der Harmonie und Schönheit erscheint und ihm ein bis dahin ungeahntes Gefühl der Fülle, des Ebenmaßes, der Versöhnung und des entzückten, gebetsgleichen Einswerden mit der höchsten Synthese des Lebens verleiht?' Für diesen Augenblick kann man das ganze Leben hingeben."

Wolfgang Kasack schreibt dazu in seinem Buch „Dostojewski": „Dieser Bericht der persönlichen Erfahrung des begnadeten Zustands eines Epileptikers vor seinem Anfall hat etwas ebenso Einmaliges und Erschütterndes wie der zitierte über die Konfrontation mit der bevorstehenden eigenen Hinrichtung, die Dostojewski auch in diesen Roman einbezogen hat.

Dostojewski ist ein Meister, Spannung zu erzeugen – in großen Bogen über viele Kapitel hinweg und in kleineren Phasen auf ein unmittelbar bevorstehendes Ereignis ausgerichtet. Er schreibt dann so, dass der Leser das Empfinden hat, er käme mit seinem Lesen nicht mit der Zeit mit, die im Roman voranschreitet."

Der Gemarterte

Bei der Gestaltung des Fürsten Myschkin hat sich Dostojewski an Jesus Christus orientiert. Er wollte den idealen Menschen schaffen. So schreibt er in einem Brief: „Die Grundidee ist die Darstellung eines wahrhaft vollkommenen und schönen Menschen." In diesem Roman spielen die religiösen Themen eine wichtige Rolle. Der Dichter selbst aber geht durch schwere innere Krisen.

In Basel hat er das Gemälde von Holbein „Christus im Grabe" in einer Galerie betrachtet. Seine Eindrücke legt er dem Fürsten Myschkin in den Mund:

„Vor diesem Bild kann noch mancher seinen Glauben verlieren."

Und Anna Grigorjewna, seine Frau, schreibt: „Das Bild machte auf Fjodor einen erschütternden Eindruck, und er blieb davor wie erstarrt stehen. In seinem Gesicht war etwas von jenem Entsetzen, das ich meist in den ersten Augenblicken vor einem epileptischen Anfall bei ihm wahrnahm."

Noch intensiver äußert sich eine andere Figur in seinem Roman:

„Wenn einen solchen Leichnam (und er muss bestimmt genau so ausgesehen haben) all seine Jünger, seine späteren bedeutendsten Apostel gesehen haben, wenn ihn die Frauen gesehen haben, die ihm folgten und an seinem Kreuz standen, und alle, die an ihn glaubten – wie konnten sie beim Anblick eines derartigen

Leichnams glauben, dass dieser Gemarterte auferstehen werde? Hier taucht unwillkürlich der Gedanke auf: Wenn der Tod so entsetzlich und seine Naturgesetze so stark sind, wie kann man sie da bezwingen?"

Zweifel an der Auferstehung Jesu und an die Unsterblichkeit des Menschen machen dem Dichter schwer zu schaffen. Aber Glaube ist immer angefochtener Glaube und nur so echt. Bis ins Mark ist er erschüttert, und in einem Brief schreibt er:

„Ich fühle selbst, dass der Atheismus als der Stärkere erscheint."

Seine Werke geben Zeugnis, welche Qualen Dostojewski in solchem „Fegefeuer der Zweifel" ausgestanden hat.

„Die Dämonen"

Als Dostojewski von seinen Reisen nach Petersburg zurückkehrte, waren die ersten Fortsetzungen seines neuen Romans „Die Dämonen" im „Russischen Boten" schon abgedruckt. Der Titel dieses Werkes geht auf den Bericht in Lukas 8, 26-39 zurück. Dort heißt es:

> „Sie fuhren weiter und erreichten das Gebiet von Gereaa, das Galiläa gegenüber am anderen Seeufer liegt.
> Als Jesus aus dem Boot stieg, lief ihm ein Mann

aus jener Stadt entgegen. Er war von bösen Geistern besessen. Kleider trug er schon lange nicht mehr; er war auch nicht im Haus festzuhalten, sondern lebte in den Grabhöhlen.

Als er Jesus sah, schrie er auf, warf sich vor ihm auf den Boden und rief: ‚Was hast du bei mir zu suchen, Jesus, du Sohn des höchsten Gottes? Bitte, quäle mich nicht!'

Jesus hatte nämlich dem bösen Geist befohlen, aus dem Besessenen auszufahren. Dieser Geist hatte den Mann schon lange in seiner Gewalt. Man hatte den Besessenen zwar immer wieder wie einen Gefangenen an Händen und Füßen gefesselt, aber jedesmal hatte er die Ketten zerrissen und war von dem bösen Geist in die Wildnis getrieben worden.

Jesus fragte ihn: ‚Wie heißt du?'

Er antwortete: ‚Legion.' Es waren nämlich viele böse Geister in den Mann gefahren. Die baten Jesus, er solle sie nicht in den Abgrund verbannen.

In der Nähe weidete eine große Schweineherde auf dem Berg, und die bösen Geister baten ihn, in die Schweine fahren zu dürfen. Jesus erlaubte es ihnen. Da kamen sie heraus aus dem Mann und fuhren in die Schweine, und die Herde raste das steile Ufer hinab in den See und ertrank.

Als die Schweinehirten das sahen, liefen sie davon und erzählten in der Stadt und in den Dörfern, was geschehen war. Die Leute wollten es selbst sehen. Sie kamen zu Jesus und fanden den Mann, aus dem die bösen Geister ausgefahren waren, zu seinen Füßen sitzen. Er war ordentlich angezogen und bei klarem Verstand. Da befiel sie große Furcht.

Die Augenzeugen erzählten ihnen, wie der Besessene geheilt worden war. Darauf bat die gesamte Bevölkerung von Gerasa und Umgebung, Jesus möge ihr Gebiet verlassen; so sehr fürchteten sie sich. Da stieg er ins Boot um zurückzufahren.
Der Mann, aus dem die bösen Geister ausgefahren waren, bat Jesus, mit ihm gehen zu dürfen. Aber Jesus schickte ihn weg und sagte:
‚Geh nach Hause und erzähl, was Gott für dich getan hat!' Der Mann zog durch die ganze Stadt und machte überall bekannt, was Jesus für ihn getan hatte."

Hier in dieser Geschichte geht es um einen Besessenen, der von Christus geheilt wird. Die bösen Geister werden von ihm ausgetrieben. Die Dämonen fahren in eine Herde Säue, die sich dann über das steile Ufer ins Meer stürzt.

In dem Roman sind die von bösen Geistern Besessenen die Radikalen der russischen Intelligenz, die von den linken Liberalen bis zu den Anarchisten reichen. Im November 1869 ereignet sich ein Mord. Aus einer verschworenen Fünfergruppe will ein Mitglied ausbrechen, nachdem es das verbrecherische Tun dieser Terroristenvereinigung erkannt hat. Aber diesen Ausstieg muss der junge Mann mit dem Leben bezahlen.

Die Hauptfigur des Romans ist Nikolai Stawrogin. Er springt mit den Menschen um, so als wären sie Versuchstiere und experimentiert mit ihnen wie ein Mediziner mit Ratten, Mäusen und Meerschweinchen. Er heiratet ein junges Mädchen, das gelähmt ist, nur um zu sehen, was dabei herauskommt. Aus Zerstörungswut, Langeweile und Lebensüberdruss schließt er sich einer Gruppe junger Terroristen an und macht sich so zum Handlanger der Zerstörung. Er ist unfähig zu lieben, und die Ursachen für solch ein Verhalten liegen in seiner Gottlosigkeit. Als er sich so ins Abseits begibt und keinen Ausweg aus seinem Dilemma sieht, erhängt er sich.

Eine andere wichtige Romanfigur begeht ebenfalls Selbstmord. Die Gestalten des Romans spiegeln die Kennzeichen des Dämonischen wider: Brutalität, Grausamkeit, Chaos, Mord und Selbstmord. Hier bewahrheitet sich das Wort der Bibel: „Der Teufel ist ein Mörder von Anfang an."

Ein Kapitel aus diesem Buch durfte nicht gedruckt werden, da es zu grausam war. Dostojewskis Frau hat es nach dem Tod des Dichters in seinem Nachlass gefunden. Es macht deutlich, dass durch die Austreibung der Dämonen, die ja das Böse verkörpern, es doch noch lichtvolle Seiten im Leben gibt. Hoffnung kommt auf, die ja in Dostojewski durch seine Frömmigkeit und den Glauben an Gott angelegt ist. Nikolai Stawrogin, eine tragische Gestalt, geht in ein Kloster, um sich mit dem Erzpriester Tichon zu treffen. Er will sein Leben in Ordnung bringen und bittet den Geistlichen, ihm die Beichte abzunehmen. Er muss seine schlimmsten Vergehen zur Sprache bringen.

Das Beichtgespräch, in dem Stawrogin sein Vergehen schriftlich aufgezeichnet und dem Geistlichen vorgelesen hat, endet mit dem Zuspruch des Mönchs:

„Sie bewegt der Wunsch nach Märtyrium und Selbstopfer; überwinden Sie auch diesen Wunsch, legen Sie

> *das Schriftstück und Ihren Plan beiseite, dann werden Sie alles überwinden. Dann werden Sie Ihren ganzen Stolz und Ihren Teufel beschämen. Sie werden als Sieger hervorgehen und Freiheit erringen ..."*

Dieser geistliche Zuspruch wird nicht von Stawrogin angenommen, und so sieht der Erzpriester schon das nächste Verbrechen vor seinem Inneren, das er begehen wird.

Hier macht Dostojewski deutlich, wie stolz der Mensch ist. Es fällt ihm schwer, Gottes Vergebung anzunehmen und von der Gnade zu leben. Lieber zieht er weiter auf der Straße des Verderbens, als sich Gott in die Arme zu werfen.

„Werdejahre"

Ein neuer Roman entsteht: „Werdejahre – Der Jüngling". Arkadi ist ein junger Mann von 20-22 Jahren. Er denkt über sein Leben nach und erkennt, dass sein Handeln ethisch oft falsch war. In diesem Werk beschreibt der Dichter die ungeheure Spannung, den Graben, der sich zwischen dem Adel und dem russischen Volk auftut.

Arkadis leiblicher Vater ist Andrej Petrowitsch Wersilow, ein Adliger. Seine Mutter kommt aus dem Volk und war dessen Leibeigene wie auch sein juristischer Vater, Makar Iwanowitsch, der leibeigener Bauer ist. Zur Zeit des Romans ist er ein christlicher Pilger. Für das Kind Arkadi, das in einem Internat eine gute Schulbildung erhält, ist es nicht leicht, ohne Familie heranzuwachsen. Zwischen seinem leiblichen Vater, seiner Mutter und seinem juristischen Vater fühlt der Junge sich hin- und hergerissen. Er liebt sie alle drei, macht ihnen aber auch zugleich Vorwürfe und sucht nach der rechten Orientierung in seinem Leben.

Damit seine Charakterzüge besser erkennbar werden, lässt ihn Dostojewski seine Vorstellungen und Ideen darlegen:

> *„Meine Idee ist, ein Rothschild zu werden, ebenso reich zu werden wie Rothschild, nicht bloß einfach reich, sondern gerade so reich wie Rothschild. Weshalb und warum ich das will und welche Zwecke ich damit verfolge, davon soll später die Rede sein. Zunächst will ich nur beweisen, dass die Erreichbarkeit meines Zieles mit mathematischer Sicherheit feststeht …*
>
> *Ich hatte positiv erkannt, dass ich genug Willenskraft besaß, um mein Ziel zu erreichen; darauf aber, ich wiederhole es, beruht meine ganze Idee; alles Übrige sind Kleinigkeiten."*

Diese wenigen Zeilen charakterisieren Arkadi. Der Handlungsort dieses Werkes ist Petersburg.

Wolfgang Kasack schreibt dazu in seinem Buch „Dostojewski": „Makar gehört zu den Figuren, die Dostojewski menschlich besonders nahe sind, wie Fürst Myschkin, Erzpriester Tichon sowie in den Brüdern Karamasow Aljoscha und der Starez Sosima. Die Alten unter ihnen lässt er gern Weisheiten aussprechen, an denen ihm zum Wohle der Menschen besonders gelegen ist. Makar weiß, dass er bald sterben wird, und sagt zu Arkadi:

‚Ein alter Mann muss gern und willig davongehen. Wenn man aber dem Tode mit Murren und Unzufriedenheit entgegensieht, so ist das eine große Sünde. Wenn jemand in geistigem Frohsein das Leben lieb gewonnen hat, dann, denke ich mir, wird Gott ihm das verzeihen, selbst einem alten Manne. Es ist schwer für einen Menschen, von jeder Sünde zu wissen, ob es eine war oder nicht: Es ist da ein Geheimnis, das über den menschlichen Verstand hinausgeht. Ein alter Mann aber muss jederzeit zufrieden sein und muss in der vollen Blüte seines Verstandes sterben, selig und willig, von seinen Lebenstagen gesättigt, seinem letzten Stündlein entgegenseufzend und sich freuend, dahingehend wie eine Ähre zur Garbe, nachdem er sein Geheimnis erfüllt hat.‘

‚Sie sagen da immer Geheimnis; was meint denn das: sein Geheimnis erfüllen?‘, fragte ich und sah mich dabei nach der Tür um. Ich freute mich darüber, dass wir beide allein waren und ringsum unerschütterliche Stille herrschte. Die Sonne schien vor ihrem Untergang hell ins Fenster hinein. Er sprach etwas schwülstig und unklar, aber sehr aufrecht mit so einer starken Erregung, als freue er sich wirklich über mein Kommen. Aber ich merkte, dass er sich zweifellos in einem fieberhaften Zustand befand, und zwar sogar in einem recht argen. Ich war ebenfalls krank; hatte auch Fieber seit dem Augenblick, als ich zu ihm hereingekommen war.

‚Worin das Geheimnis besteht? Alles ist ein Geheimnis, mein Freund; in allem liegt ein göttliches Geheimnis. In jedem Baum, in jedem Grashalm ist dieses selbe Geheimnis eingeschlossen. Ob ein kleines Vögelchen singt, oder die Sterne in ihrem ganzen Chor bei Nacht am Himmel glänzen, alles ist das eine gleiche Geheimnis. Das allergrößte Geheimnis aber besteht in dem, was die Seele des Menschen in jener Welt erwartet.'"*

Makar stirbt und nach seinem Tod treffen sich am Geburtstag seiner Frau Arkadi, seine Mutter, seine Schwester Lisa und Tatjana Pawlowna, eine Gutsbesitzerin. Sie erwarten, dass Wersilow zu Besuch kommt. Arkadi berichtet:

„Eine Einzelheit habe ich besonders gut im Gedächtnis behalten: Mama saß auf dem Sofa, und links davon lag auf einem runden kleinen Tisch, anscheinend zu irgendwelchem besonderen Zwecke zurechtgelegt, eine alte Ikone ohne die verzierte Einfassung, nur mit Heiligenscheinen um die Köpfe der zwei abgebildeten Heiligen. Diese Ikone hatte Makar Iwanowitsch gehört, das wusste ich, und ich wusste auch, dass der Verstorbene sich nie von ihr getrennt und sie für wundertätig gehalten hatte. Tatjana Pawlowna blickte mehrmals zu ihr hin.

‚Hör mal, Sofia', sagte sie, indem sie den Gegenstand des Gesprächs plötzlich wechselte, ‚warum soll die Ikone so daliegen? Wollen wir sie nicht auf einen Tisch stellen und an die Wand lehnen und ein Lämpchen davor anzünden?'

‚Nein, wir wollen es lieber so lassen wie jetzt', sagte Mama.
‚Nun ja, gewiss. Es sieht sonst gar zu feierlich aus.'
Ich verstand damals nichts von dem Gesagten; aber die Sache war die, dass Makar Iwanowitsch diese Ikone schon längst mündlich Andrej Petrowitsch vermacht hatte und Mama sie ihm jetzt zu übergeben beabsichtigte.
Es war schon fünf Uhr nachmittags. Unser Gespräch dauerte immer noch fort; da auf einmal bemerkte ich auf Mamas Gesicht eine Art von Zittern; sie richtete sich schnell auf und horchte, während Tatjana Pawlowna, die gerade etwas sagte, weiter sprach, ohne etwas zu bemerken.
Ich wandte mich sogleich zur Tür hin und sah kurz darauf im Rahmen der Tür Andrej Petrowitsch. Er war nicht von vorn durch die Haustür, sondern vom Hintereingang her gekommen, durch die Küche und den Flur, und Mama war von uns allen die Einzige gewesen, die seine Schritte gehört hatte. Jetzt will ich die ganze wahnsinnige Szene, die nun folgte, schildern, jedes Wort und jede Gebärde; diese Szene war nur kurz.
Zunächst bemerkte ich in seinem Gesicht nicht die geringste Veränderung, wenigstens nicht auf den ersten Blick. Gekleidet war er wie immer, das heißt ziemlich eitel.
‚... Ich bin aber nur auf einen Augenblick gekommen; ich wollte Sofia gern etwas Gutes sagen und suche nun nach einem solchen Worte, obwohl mein Herz voll von Worten ist, die ich nur auszusprechen imstande bin; allerdings sind es ja recht sonderbare

Worte. Wisst ihr, ich habe die Empfindung, als ob mein ganzer Mensch gleichsam in zwei Teile gespalten würde', fuhr er fort, indem er uns alle ringsherum mit furchtbar ernstem Gesicht und durchaus unverstellter Mitteilsamkeit anblickte. *,Wirklich, ich spalte mich geistig in zwei Teile und fürchte mich davor entsetzlich. Es ist, als ob ein Doppelgänger neben einem stände; man ist selbst klug und verständig, aber der andere will durchaus neben einem irgendeinen sinnlosen Streich begehen, manchmal auch etwas sehr Lustiges; und auf einmal bemerkt man, dass man selbst derjenige ist, der diesen lustigen Streich begehen will. Gott weiß, warum man es will, das heißt, man will es gewissermaßen ungern, man will es, obwohl man sich dagegen mit aller Kraft sträubt. Ich habe einmal einen Arzt gekannt, der bei dem Begräbnis seines Vaters in der Kirche auf einmal anfing zu pfeifen. Wahrhaftig, ich habe mich heute gefürchtet, zu dem Begräbnis zu kommen, weil sich, ich weiß nicht warum, in meinem Kopf die feste Vorstellung gebildet hatte, ich würde auf einmal lospfeifen oder loslachen wie dieser unglückliche Arzt, der ein recht schlimmes Ende genommen hat ... Und wirklich, ich weiß nicht, warum ich heute immer an diesen Arzt denken muss, und zwar dermaßen, dass ich von dem Gedanken gar nicht loskommen kann. Siehst du, Sofia, da habe ich nun die Ikone wieder in die Hand genommen'* (er hatte sie vom Tisch genommen und drehte sie in den Händen hin und her), *,und weißt du, ich habe die größte Lust, sie jetzt, in dieser Sekunde, an den Ofen zu schmettern, gleich an diese Ecke da. Ich glaube bestimmt, dass sie sich gleich in* *zwei Stücke zerspaltet, in nicht mehr und nicht weniger.'*

Das Wichtigste dabei war, dass er das alles ohne jeden Schein von Verstellung vorbrachte, und sogar ohne jegliche Aufwallung; er sagte es ganz einfach und schlicht, aber um so schrecklicher wirkte es; und er schien sich tatsächlich gewaltig vor etwas zu fürchten, denn ich bemerkte plötzlich, dass seine Hände zitterten.

‚Andrej Petrowitsch!', rief Mama und schlug die Hände zusammen.

‚Lass die Ikone, lass sie, leg sie hin!', rief Tajana Pawlowna aufspringend. ‚Zieh dich aus und leg dich ins Bett! Arkadi hol den Arzt!' ...

Als Tatjana Pawlowna kurz zuvor gerufen hatte; ‚Laß die Ikone!' da hatte sie ihm das Heiligenbild aus den Händen genommen und hielt es nun in ihrer eigenen Hand.

Auf einmal sprang er bei seinem letzten Wort hastig auf, riss Tatjana Pawlowna die Ikone blitzschnell aus der Hand, holte wie rasend aus und schmetterte sie mit aller Kraft gegen die Ecke des Kachelofens. Sie zersprang genau in zwei Teile ... Er wandte sich plötzlich zu uns, und sein blasses Gesicht wurde auf einmal rot, beinahe purpurrot, und jede Faser in seinem Gesicht zitterte und zuckte.

‚Fasse es nicht als sinnbildliche Handlung auf, Sofia! Ich habe sie nicht zerschlagen, weil es ein Stück aus Makars Erbschaft war, sondern nur einfach so, um sie zu zerschlagen ... Aber ich werde zu dir zurückkehren, zu meinem letzten guten Engel! Indessen, meinetwegen kannst du es auch als sinnbildliche Hand-

lung auffassen; denn eine solche ist es ja doch unbedingt! ...'
Nach diesen Worten verließ er sehr schnell das Zimmer, wieder durch die Küche, wo er seinen Pelz und seine Mütze liegen gelassen hatte ...
Irrsinnigen zürnt man nicht, fuhr es mir durch den Kopf; doch Tatjana Pawlowna war wütend und böse auf ihn; also war er durchaus nicht irrsinnig ... Mir schien das immer eine sinnbildliche Handlung gewesen zu sein, und dass er beabsichtigt hatte, mit etwas unter allen Umständen ein Ende zu machen, wie mit dieser Ikone, und uns, Mama und allen, das zu zeigen. Aber der ‚Doppelgänger' hatte sicherlich auch neben ihm gestanden; daran war kein Zweifel ..."

Andrej Petrowitsch ist ein innerlich gespaltener Mensch. Er fühlt sich dem russischen Volk mehr zugetan, als er wahrhaben will, denn in ihm liegt das Verlangen und die Begehrlichkeit, sich am Atheismus in Westeuropa zu orientieren. In der Verbindung zu Sofia, diesem einfachen Mädchen, das zudem noch Leibeigene ist, liegt nicht nur die Lust nach sexuellem Erleben, sondern vielmehr das innere Bedürfnis, zu den Wurzeln des russischen Volkes zurückzufinden. Er spürt, dass in Makar, dem juristischen Vater, diese Urkraft vorhanden ist. Er, der leibeigene Bauer, ist ihm, dem Adligen, letztlich doch überlegen. Das kann er nicht ertragen. Dass er die Ikone an sich reißt und sie am Ofen zerschmettert, so dass sie in zwei Teile zerbricht, ist ein niederträchtiges, gemeines Handeln. Der Teufel hat über ihn Macht erhalten. In seinem verwerflichen Tun zeigt sich ein symbolisches Zeichen und ein Hinweis darauf, dass der russische Adel dem atheistischen Westen verfallen ist und so die Urkraft des Glaubens an Gott verloren hat.

Hier offenbart uns Dostojewski sein Geschichtsbild. Makar und Sofia vertreten die tiefe russische Frömmigkeit. Durch die Ikonen, Gebete und Hymnen bekennen sie sich mit ihrem einfachen russischen Volk zu Christus.

Der Ausspruch Dostojewskis wird bestätigt.:

„Aus dem Volk wird die Rettung kommen, aus seinem Glauben und seiner Demut."

Und an anderer Stelle heißt es:
„Von ihm (vom russischen Volk) habe ich Christus wieder in meine Seele aufgenommen, den ich als Kind im Elternhaus kennen gelernt, dann aber verloren hatte. Vielleicht ist Christus die einzige Liebe des russischen Volkes, und es liebt die Gestalt Christi auf seine eigene Art, d. h. bis zur Qual."

In der inneren Zerrissenheit von Andrej Petrowitsch aber lässt sich die chaotische Gespaltenheit des Adels und der russischen Intelligenz sehen.

Die Brüder Karamasow

Das Ansehen Dostojewskis wuchs mit jedem neuen Werk. Von 1878 – 1880 arbeitete der Dichter an dem Roman „Die Brüder Karamasow". Ludolf Müller charakterisiert diesen Roman treffend: „Die Brüder

Karamasow' sind das letzte Wort Dostojewskis – sein letztes, zusammenfassendes Wort über die großen Themen seines Lebens: über den Menschen, wie er sein soll und wie er nicht sein soll; über die dunklen und lichten Kräfte im Menschen; wie sie den Menschen zugrunde richten, wenn sie widereinander streiten, wie sie ihn zur Vollendung führen, wenn sie im rechten Verhältnis zueinander stehen; über die Versuchung des Verstandes, wenn er nicht gebunden ist an die Mächte, von denen Herz und Gewissen zeugen; über die Schuld, in die wir alle verstrickt sind, und die Möglichkeit, sie zu überwinden; über die Notwendigkeit und über die Grenzen irdischer Justiz; über die besondere Gefährdung des Menschen in dieser Zeit und im Besonderen in Russland; über die Zukunft der Menschheit: über die Frage, ob der Geist Christi in ihr leben oder der Geist des Großinquisitors über sie herrschen wird; über das ewige Schicksal des Menschen und der Menschheit, über die Frage, die Dostojewski sein Leben lang gequält hat: die Frage nach der Existenz Gottes, nach Tod und Unsterblichkeit."

In diesem Roman werden uns ein Vatermord und seine Aufklärung geschildert. Das macht die Handlung spannend. Im Gegensatz aber zu „Schuld und Sühne", wo Raskolnikow als Doppelmörder feststeht, weiß hier der Leser nicht, wer der Täter ist. Ein Indizienprozess soll den Mörder überführen. Dabei kommt es zu dem tragischen Justizirrtum. Dimitri wird der Tat beschuldigt und auch als Vatermörder verurteilt. Er landet in der Verbannung in Sibirien.

Iwan, Dimitri und Alexej sind drei eheliche Söhne. Sie alle könnten die verbrecherische Tat ausgeführt und den Vater umgebracht haben. So steht die bedrängende Frage im Raum: Wer ist der Mörder?

Weil dieses schreckliche Geschehen immer von einer anderen Warte aus erzählt wird, weiß der Leser lange Zeit nicht, wer denn der Mörder sein könnte. Zu den drei Söhnen gehört noch der Diener Smerdjakow, wahrscheinlich ein unehelicher Halbbruder, zu den Verdächtigen.

Fjodor Karamasow ist ein schwieriger, ja fast närrischer Typ. Frauen üben eine ungeheure Anziehungskraft auf ihn aus. Oft treibt er ein böses Spiel mit ihnen. Sein Verhalten entspricht nicht dem eines guten, treusorgenden, vorbildlichen Vaters, vor dem die Kinder Achtung haben und ihm Ehre erweisen. Das Gegenteil ist der Fall. Dimitri, Iwan und Aljoscha empfinden sein lüsternes Verhalten widerlich und hegen niederträchtige Gefühle gegen ihn. Ihre Bitterkeit steigert sich sogar zum Hass und im Grunde wünschen sie ihm den Tod.

Eines Tages, als alle drei Söhne nach Hause gekommen sind, geschieht ein entsetzliches Verbrechen. Fjodor Karamasow wird ermordet. Die Suche nach dem Mörder nimmt ihren Lauf, führt aber zu keinem Ergebnis. Schließlich richten sich die Verdachtsmomente auf Dimitri, den ältesten der Brüder. Auch das Motiv scheint klar auf der Hand zu liegen, denn Vater und Sohn lieben die gleiche Frau, Gruschenka, die äußerst begehrenswert scheint.

Dieser Kriminalroman ist höchst spannend in seiner Handlung. Die Suche nach dem Mörder gestaltet sich sehr kompliziert. Bis zum Schluss bleibt es unklar, wer denn der Mörder sei. Meisterhaft versteht es

Dostojewski, die Leser lange im Unklaren zu lassen. Er führt sie auf die Spur von Schuld und Vergebung, von Verstrickung und Aufhellung, von Zweifel und Gewissheit. Aber nicht der Mord selbst bildet den Mittelpunkt des Werkes, sondern vielmehr das Verhalten der drei Brüder. Sie sind in ihren Charakteren total verschieden. Ihr Verhältnis zueinander ist von Konflikten gezeichnet. Der Roman verkörpert die Wege und Irrwege des Menschen Dostojewski. Mit dem Buch „Die Brüder Karamasow" hat der Dichter ein Stück weit seine eigene Biographie geschrieben. Er denkt offen über sein Leben nach, das von Widersprüchen, Leidenschaften, Liebesgefühlen, Sehnsüchten, Schuld und Glaubensgewissheit geprägt ist. Letzlich setzt sich bei ihm die Erkenntnis durch, dass der Mensch eine unsterbliche Seele besitzt, und darin liegt sein größter Wert.

Die Spannung wird dadurch gesteigert, dass wir hier neben zwielichtigen, üblen Gestalten noch den frommen, guten, weisen Menschen, den Starez Sosima finden. Er lebt im Kloster und ist Ratgeber und geistlicher Vater für den jüngsten Sohn Alexej. Fjodor Karamasow hat besonders zu Alexej, dem Jüngsten, ein enges, herzliches Verhältnis. Ihn redet er mit Aljoscha an, was die positive Verkleinerungsform seines Namens ist. Er ist sein Liebling. Iwan dagegen wird Wanja genannt, und in dieser Form des Namens drückt sich seine geringere Achtung aus.

Das Geschehen in diesem Roman ist auf nur wenige Tage zusammengedrängt. Die Handlung beginnt an einem herrlichen, strahlenden warmen Tag, und findet an einem regnerischen, düsteren Morgen ihr tragisches Ende. Dimitri wird anhand von Indizien überführt und muss die lange Reise in die sibirische Kälte antreten. Das Urteil des Gerichts lautet auf zwanzig Jahre Haft.

Auch die Orte der Handlung wechseln immer wieder. Verhängnisvoll wirkt sich ein Brief aus, den Dimitri im betrunkenen Zustand geschrieben hat. Davon erfährt der Leser aber erst nach dem Mord. Dieser verhängnisvolle Brief führt dazu, dass Dimitri die Schuld in die Schuhe geschoben wird:

„Katja, du mein schicksalhaftes Verhängnis! Morgen werde ich mir Geld verschaffen und dir deine Dreitausend zurückgeben, und dann lebe wohl – du Weib von großem Zorn! Ein Lebewohl dann aber auch meiner Liebe! Lass uns Schluss machen! Morgen werde ich bei allen möglichen Leuten das Geld aufzutreiben suchen; wird mir das aber nicht gelingen, so werde ich – ich gebe dir mein Ehrenwort – zu meinem Vater gehen, ihm den Schädel einschlagen und das Geld unter seinem Kissen hervorholen, sobald Iwan abgereist ist. Ich nehme die Katorga auf mich, aber die Dreitausend gebe ich zurück! Du aber lebe wohl! Ich verneige mich vor dir bis zur Erde, denn ich bin ein Schurke vor dir. Verzeihe mir! Nein, lieber verzeih mir nicht, dann wird es leichter sein, für mich und für dich! Lieber in die Katorga, als deine Liebe, denn ich liebe eine andere, du hast sie heute allzusehr erkannt, wie kannst du noch verzeihen? Totschlagen werde ich den, der mich bestahl! Von euch allen werde ich weggehen, nach Osten, um niemanden mehr zu kennen. ‚Sie' auch nicht mehr, denn

nicht du allein bist die Peinigerin, vielmehr auch sie. Leb wohl!
P.S. Eine Verfluchung schreibe ich da, dabei vergöttere ich dich! Ich fühle das in meiner Brust. Da blieb eine Saite, und die klingt. Lieber das Herz mittendurch! Ich werde mich töten, vorher aber gleichwohl jenen Hund. Entreißen werde ich ihm die Dreitausend und sie dir hinwerfen. Wenn ich dann auch ein Schurke vor dir bin, so bin ich doch kein Dieb! Erwarte die Dreitausend. Bei jenem Hund liegen sie unter der Matratze, mit rosa Bändchen. Nicht ich bin ein Dieb, sondern ich töte den Dieb, der mich bestahl. Katja, blicke nicht mit Verachtung auf mich: Dimitri ist kein Dieb, er wird einen Menschen totschlagen! Seinen Vater hat er erschlagen und sich selbst zugrunde gerichtet, um aufrecht zu stehen und deinen Stolz nicht ertragen zu müssen! Und dich nicht zu lieben!
P.P.S. Deine Füße küsse ich, leb wohl!
P.P.SS. Katja, bete zu Gott, die Leute mögen das Geld geben. Dann werde ich mich nicht mit Blut besudeln; geben sie es aber nicht, dann fließt Blut! Töte mich!
Dein Sklave und Feind
D. Karamasow"

Dieser im Alkoholrausch geschriebene Brief wurde für Dimitri zum Verhängnis.

Die Spannung in diesem Roman beruht darauf, dass die drei Brüder Karamasow sehr widersprüchliche Charaktere sind. Auf Aljoscha, den Jüngsten, will ich näher eingehen und zitiere eine Szene, in der er ein Gespräch mit dem Starez im Kloster führt.

„Aljoscha geleitete seinen Starez ins Schlafzimmer und half ihm, sich aufs Bett zu setzen. Das war ein sehr kleines Zimmer mit dem unentbehrlichen Mobiliar. Das Bett war schmal, aus Eisen, und statt einer Matratze lag nur ein Stück Tuch darauf. In der Ecke, bei den Ikonen, stand ein Lesepult, und auf ihm lagen Kreuz und Evangelium. Der Starez ließ sich kraftlos auf seinem Bett nieder, seine Augen leuchteten, und er atmete schwer. Nachdem er sich gesetzt hatte, blickte er eindringlich, und als ob er über etwas nachdenke, auf Aljoscha.

‚Geh, mein Lieber, geh nur. Porfiri genügt mir. Du aber spute dich. Du wirst da gebraucht. Geh zum Vater Abt und hilf ihm beim Mittagessen bedienen!'
‚Lassen Sie mich doch hier bleiben', murmelte Aljoscha mit bittender Stimme.

‚Du bist dort nötiger, dort ist kein Frieden. Du wirst bedienen und nützlich sein. Wenn sich die Dämonen erheben, sprich ein Gebet. Und wisse, mein Söhnchen', – der Starez liebte ihn so zu nennen –, ‚dass auch in Zukunft nicht hier dein Platz ist. Denke daran, junger Mann. Sobald mich nur Gott würdigt, vor ihm zu erscheinen – geh' du fort aus dem Kloster. Verlass es für immer.'
Aljoscha zitterte.

‚Was hast du? Nicht hier ist vorderhand dein Platz. Ich segne dich zu großem Dienst in der Welt! Viele Wege hast du noch zu gehen. Und auch heiraten wirst du müssen, du sollst es. Alles wirst du durchleben

müssen, bevor du wieder hierher kommst. Viel wirst du zu tun haben. Doch an dir zweifle nicht, deshalb sende ich dich auch aus. Mit dir ist Christus. Bewahre ihn, und er wird dich behüten. Leid wirst du schauen, großes, und in diesem Leid wirst du glücklich sein. Da hast du mein Vermächtnis: Im Leid suche dein Glück. Arbeite, arbeite unentwegt. Bewahre fortan meine Worte, denn auch wenn ich noch mit dir rede, so sind doch nicht nur meine Tage, vielmehr auch meine Stunden gezählt!'
In Aljoschas Gesicht zeichnete sich erneut eine heftige Erregung ab. Es zuckte um seine Mundwinkel.
‚Was ist denn schon wieder mit dir?', sprach der Starez und lächelte freundlich. ‚Mögen die Kinder der Welt mit Tränen ihre Toten begleiten, wir aber hier freuen uns über den Vater, der von uns geht. Wir freuen uns und beten für ihn. So verlass mich denn. Ich möchte beten. Geh und beeile dich. Sei bei deinen Brüdern. Ja, und nicht nur bei dem einen, vielmehr bei beiden.'"

Aljoscha weiß, dass der Starez um Dimitri besorgt ist. Instinktiv ist ihm dies bewusst, und so wird das Gespräch fortgeführt.

"‚Einen der Brüder habe ich gesehen', antwortete Aljoscha.
‚Ich spreche von jenem, dem ältesten, vor dem ich mich bis zur Erde verneigte.'
‚Den habe ich nur gestern gesehen, heute aber durchaus nicht finden können', sprach Aljoscha.
‚Gib dir Mühe, ihn rasch zu finden! Mache dich mor-

gen wieder auf, es ist eilig, alles lass liegen und beeile dich! Vielleicht kommst du noch zur rechten Zeit, um etwas Furchtbares zu verhindern. Ich habe mich ja gestern verneigt vor seinen großen künftigen Leiden ... Es offenbarte sich mir gestern etwas Furchtbares ... sein Blick gestern drückte gleichsam sein ganzes künftiges Schicksal aus. Da war auf einmal ein derartiger Blick ... dass es mich in meinem Herzen augenblicklich schauderte, angesichts dessen, was dieser Mensch sich selbst bereitet. Ein- oder zweimal nur in meinem ganzen Leben habe ich bei einem Menschen einen solchen Gesichtsausdruck gesehen ..., der gleichsam das ganze Schicksal dieser Menschen zum Ausdruck brachte, und o weh! das sie auch ereilte. Ich sandte dich zu ihm, Alexej, denn ich dachte, dass dein brüderlicher Anblick ihm helfen werde. Alles aber kommt vom Herrn, auch unser aller Schicksal. Es sei denn, dass das Weizenkorn in die Erde falle und ersterbe, so bleibt's allein; wo es aber erstirbt, so bringt's viel Früchte. Behalte das gut."'

Die Bluttat

Mit Spannung wird der Leser darauf warten zu erfahren, wie es denn nun zu dieser schrecklichen Bluttat kommen konnte, und wer des Mordes beschuldigt wird. Es ist der im Alkoholrausch geschriebene Brief, der Dimitri schwer belastet und der auch die Richter dazu bewegt, das Urteil zu sprechen: schuldig. Der perfekt geplante Mord scheint aufgedeckt zu sein. Aber diese so bis in alle Einzelheiten durchdachte Straftat führt zu einem katastrophalen Justizirrtum. Im Grunde sind alle drei Brüder und vor allen Dingen der uneheliche Sohn des Ermordeten am Tode des Vaters schuldig, zumindest moralisch.

Dimitri wirft dem Vater vor, er habe ihn um sein Erbe betrogen. Aber der eigentliche Konflikt sitzt viel tiefer und eskaliert an dem Tage, da bekannt wird, dass Vater und Sohn die gleiche Frau lieben, nämlich Gruschenka. So droht Dimitri damit, seinen Vater umzubringen.

Aber auch der zweite Sohn, Iwan, hegt Mordgedanken. Er, der nachdenkliche Grübler, will sich die Hände nicht schmutzig machen und überträgt seine Tötungsabsicht auf Smerdjakow, der dem scheußlichen Verbrechen auch zustimmt. Iwan selbst befindet sich in dieser besagten Nacht weit weg vom Tatort, um ja keine Verdachtsmomente aufkommen zu lassen.

Alexey lebt ja im Kloster und ist so sehr mit dem Tod des Starez Sosima beschäftigt, dass er keine Zeit findet, sich um seinen Vater zu kümmern.

Die Lage spitzt sich zu, als Dimitri seine Geliebte sucht, aber Gruschenka nicht finden kann. Er vermutet sie in der Wohnung seines Vaters, und das lässt seine Eifersucht ausufern. Er sucht das Anwesen seines Vaters auf, klettert über den Zaun, hält sich zunächst im Garten auf und schleicht sich bis zum Schlafzimmer seines Rivalen, in dem noch Licht brennt. Wie er ins Haus gelangen kann, das hat er vom Diener Smerdjakow erfahren. Er hat ihm nämlich die Klopfzeichen verraten, durch die er immer den Besuch Gruschenkas angekündigt hat.

Fjodor Karamasow erscheint dann auch sofort am Fenster und ruft seiner Mätresse zärtliche Liebesworte zu.

Nun weiß Dimitri, dass Gruschenka nicht bei seinem Vater ist und könnte eigentlich zufrieden sein. Aber er hat sich so in einen Rausch von Hass und Wut hineingesteigert, dass er mit dem Mörserstößel zum Schlag auf seinen Vater ausholt. Aber bevor er seine Hand auf den Kopf des Vaters niederfallen lässt, weicht er zurück und flieht.

Dieses nächtliche Geschehen hat Smerdjakow beobachtet. Er sieht den günstigen Moment für gekommen, seine längst geplante Bluttat auszuführen. Vorsorglich hat er sich ein Alibi verschafft und einen epileptischen Anfall vorgetäuscht. Mit einem eisernen Briefbeschwerer, den er im Zimmer vorfindet, schlägt er dem alten Karamasow den Schädel ein. Keiner hat ihn bei dieser Tat beobachtet, und so begibt er sich schleunigst wieder in sein Bett. Er simuliert weiter einen Anfallskranken, stöhnt und windet sich in seinen „Krämpfen".

So fällt kein Verdacht auf Smerdjakow und der Mord wird Dimitri angelastet. Das Gericht verurteilt ihn zu zwanzig Jahren Haft in Sibirien.

Smerdjakow gesteht Iwan die Bluttat, erhängt sich aber noch in derselben Nacht. Iwan versucht noch, den Richtern den wahren Sachverhalt zu enthüllen und will Dimitri vor dem langen, mörderischen Weg in die Katorga retten, aber alle seine Beteuerungen, sein Bruder sei unschuldig und Smerdjakow sei der Mörder, helfen nicht. Die Richter halten an ihrem Urteilsspruch fest, denn es ist ihnen unmöglich, Smerdjakow zur Rechenschaft zu ziehen. Er hat sich durch seinen Selbstmord dem Urteilsspruch entzogen.

Es ist erstaunlich, dass Dimitri bereit wird, die Strafe für ein Verbrechen auf sich zu nehmen, das er gar nicht verübt hat. Diese Haltung ist nur dadurch zu erklären, dass er sich moralisch am Tode seines Vaters schuldig fühlt. Er wollte ihn ja töten und hatte schon die ersten Schritte zu diesem Verbrechen unternommen. Somit hat er Smerdjakow den Weg zum perfekten Mord gebahnt. Dimitri fühlt sich einem höheren Richter verantwortlich.

Starez Sosima – der große Tröster

Eindrucksvoll sind auch die Szenen, in denen der Starez Sosima zum Beichtvater und Tröster der Traurigen wird. Von einer tiefen Weisheit und herzlichen Liebe durchdrungen nimmt sich der Starez der Menschen an. Von weither kommen die Leute in ihrem Elend angereist, weil sie doch noch einen Funken Hoffnung in sich tragen. So schreibt Dostojewski:

„Viele von den Frauen, die sich zu ihm hindrängten, vergossen unter dem Eindruck dieses Augenblicks Tränen der Rührung und des Entzückens; andere rissen sich darum, wenigstens den Saum des Gewandes küssen zu dürfen, manche murmelten andächtig irgendwelche Gebete vor sich hin. Er segnete alle, und mit einigen sprach er. Die ‚Klikuscha' kannte er bereits, man hatte sie von nicht weither zu ihm gebracht, aus einem Dorf, das nur sechs Werst von dem Kloster ent-

fernt lag, zudem war sie auch früher schon des öfteren zu ihm geführt worden.
‚*Und das ist eine von weither!*‘ *wies er auf eine noch gar nicht alte, aber schon sehr hagere und ausgemergelte Frau, deren Gesicht von der Sonne geradezu schwarz gebrannt war. Sie lag auf den Knien und blickte unverwandt auf den Starez, mit einem wahrhaft ekstatischen Ausdruck in den Augen.*
‚*Von weither, Väterchen, von weither, dreihundert Werst von hier. Von weither, Vater, von weither*‘*, sagte die Frau in singendem Tonfall, wobei sie in einer eigentümlichen Weise den Kopf gleichmäßig hin und her wiegte, und die Wange auf die Handfläche stützte. Sie sprach, als stimmte sie einen Klagegesang an. Es gibt im Volk ein stummes und vielgeduldiges Leid, es verschließt sich in sich selber und schweigt. Doch es gibt auch ein Leid, das aus sich herausdrängt: es bricht unter Tränen hervor und geht von dem Augenblick an in ein klagendes Gemurmel über. Das ist besonders bei Frauen so. Es ist aber nicht leichter als das stumme Leid. Dieses Klagen gewährt nur dadurch Linderung, dass es das Herz noch mehr aufwühlt und zerreißt. Solch ein Leid will gar keinen Trost, es nährt sich von dem Gefühl seiner Unstillbarkeit. Das Klagen entspringt nur dem Bedürfnis, die Wunde immerfort aufzureißen …*
‚*Dich zu sehen, Vater, bin ich gekommen. Wir haben von dir gehört, Väterchen, ja gehört. Mein kleines Söhnchen habe ich begraben, dann ging ich wallfahrten. In drei Klöstern bin ich gewesen, doch man hat mir geraten:* ‚*Geh, Nastasjuschka, auch dorthin*‘*, zu Euch heißt das, mein Liebling, zu Euch.*

Und so kam ich, war gestern beim Nachtgottesdienst und bin heute zu Euch gekommen.'
,Worüber weinst du denn?'
,Um mein Söhnchen ist es mir leid, Väterchen, dreijährig war es, nur drei Monate noch, dann wäre es drei Jahre alt gewesen. Um mein Söhnchen leide ich Qualen, Vater, um mein Söhnchen. Mein letztes Söhnchen war es, vier haben wir gehabt, ich und Nikituschka, aber die Kinderchen bleiben nicht bei uns, sie bleiben nicht, Ersehnter, sie bleiben nicht. Die drei ersten hab ich begraben, es war mir gar nicht sehr leid um sie, diesen letzten aber hab ich begraben, und kann ihn nicht vergessen. Es ist mir, als ob er hier vor mir stünde und nicht von der Stelle wiche. Die Seele hat es mir ausgedörrt. Wenn ich auf seine kleine Wäsche blicke, auf sein Hemdchen oder seine Stiefelchen, da fange ich an zu weinen. Ich breite vor mir aus, was von ihm zurückgeblieben ist, jegliches Ding von ihm, sehe es an und weine. Ich sage zu Nikituschka, meinem Mann: ,Lass mich fort, Hausherr, lass mich wallfahrten gehen.' Fuhrmann ist er, und wir sind nicht arm, Vater, nicht arm, wir betreiben selbständig das Fuhrgeschäft, alles gehört uns selber, die Pferdchen wie auch der Wagen. Doch was nützt uns jetzt die Habe? Zu trinken hat er angefangen, seit ich weg bin, mein Nikituschka, ... kaum wende ich mich ab, wird er schon schwach. Jetzt denke ich gar nicht mehr an ihn. Nun bin ich schon den dritten Monat von zu Hause fort. Vergessen habe ich ihn, hab alles vergessen und mag nicht daran zurückdenken; was soll ich auch jetzt mit ihm? Schluss gemacht habe ich mit ihm ... Nicht einmal anblik-

ken möchte ich mein Haus und meine Habe, und ich möchte überhaupt nichts mehr sehen!'

‚Hör zu, Mutter', sagte der Starez, ‚einstmals in uralten Zeiten erblickte ein großer Heiliger im Tempel eine Mutter, die ebenso weinte wie du, und sie weinte gleichfalls um ihr kleines Kind, um ihr einziges, das Gott auch zu sich gerufen hatte. ‚Weißt du denn nicht', sprach zu ihr der Heilige, ‚wie keck diese Kinder sind vor dem Thron Gottes? Ja, es gibt sogar niemanden im Himmelreich, der kecker ist als sie. Du, Herr, schenktest uns das Leben, sagen sie zu Gott, und kaum hatten wir es erschaut, nahmst du es uns wieder. Und sie bitten und flehen so keck, dass der Herr ihnen sogleich den Rang von Engeln verleiht. Und darum', sprach der Heilige, ‚freue auch du dich, Weib, statt zu weinen, auch dein Kindlein weilt jetzt bei Gott dem Herrn in der Schar seiner Engel.' Das ist es, was der Heilige zu dem weinenden Weibe sagte in uralten Zeiten. Er war jedoch ein großer Heiliger und hätte es nicht vermocht, ihr die Unwahrheit zu sagen. Darum wisse, Mutter, dass auch dein Kindlein jetzt gewisslich vor dem Throne Gottes steht und sich freut und fröhlich ist und bei Gott Fürbitte tut für dich. Und darum weine auch du nicht, sondern freue dich.'

Die Frau hörte ihm zu, die Wange in die Hand gestützt und den Blick zu Boden gesenkt. Sie seufzte tief auf.

‚Ebenso hat auch Nikituschka mich zu trösten gesucht, Wort für Wort sprach er so wie du. ‚Du Unvernünftige', sagte er, ‚warum weinst du, unser Söhnchen singt jetzt bestimmt vor Gott dem Herrn zu-

sammen mit den Engeln.' Er sagt das zu mir, doch auch er selber weint, er weint ebenso wie ich. ,Das weiß ich, Nikituschka', sage ich, ,wo sollte er denn sonst sein, wenn nicht bei Gott dem Herrn, doch hier bei uns, Nikituschka, ist er jetzt nicht mehr, so wie er früher hier saß!' Wenn ich doch nur ein einziges Mal auf ihn blicken könnte, nur ein einziges Mal ihn kurz wieder anblicken, ich würde nicht einmal zu ihm hingehen, nichts sagen, würde mich in einen Winkel verkriechen, wenn ich nur ein einziges Augenblickchen ihn sehen, ihn hören könnte, wie er auf dem Hofe spielt oder, wie so manchmal, herbeikommt und mit seinem Stimmchen ruft: ,Mütterchen, wo bist du?' Wenn ich nur ein einziges Mal hören könnte, wie er mit seinen Füßchen durch das Zimmer geht, ein einziges kurzes Mal nur, und mit seinen Füßchen trapp-trapp macht, und so rasch geht das, so rasch. Ich erinnere mich noch, wie er so manches Mal zu mir gelaufen kam und schrie und lachte. Wenn ich nur seine Füßchen hören könnte, ich würde ihn erkennen! Aber er ist nicht mehr, Väterchen, er ist nicht mehr, und ich werde ihn nie mehr hören! Hier ist sein Gürtelchen, er selber aber ist nicht mehr da, und nie mehr werde ich ihn sehen, nie hören! ...'*

Sie holte einen kleinen mit Borten besetzten Gürtel ihres Bübchens hervor, den sie unter dem Kleid am Busen trug, und kaum hatte sie ihn angeblickt, brach sie auch schon in ein Schluchzen aus, dass es sie nur so schüttelte, bedeckte mit den Händen ihre Augen, und die Tränen sprudelten plötzlich wie Bächlein zwischen den Fingern hervor.

,Es ist', sagte der Starez, ,es ist wie in uralten Zeiten:

‚Rahel beweinte ihre Kinder und wollte sich nicht trösten lassen, denn es war aus mit ihnen.' So ist nun mal das Los, das euch Müttern auf Erden beschieden ist. Tröste dich also nicht, du brauchst dich nicht zu trösten, tröste dich nicht und weine, nur rufe dir jedesmal, wenn du weinst, fest ins Gedächtnis, dass dein Söhnchen einer von den Engeln Gottes ist, von dort auf dich herniederschaut und dich sieht, sich über deine Tränen freut und Gott den Herrn auf sie hinweist. Und lange noch wird dir dieses heilige mütterliche Weinen auferlegt sein, doch schließlich wird es sich wandeln in eine stille Freude, und deine bitteren Tränen werden dann Tränen einer stillen Rührung sein und einer Läuterung des Herzens, die von Sünden bewahrt. Deines Kindleins aber will ich in meinem Gebet gedenken, auf dass Gott seiner Seele Ruhe schenke. Wie heißt es denn?'
‚Alexej, Väterchen.'
‚Ein lieber Name. Nach Alexej, dem Gottesmenschen?'
‚Dem Gottesmenschen, Väterchen, dem Gottesmenschen, nach Alexej, dem Gottesmenschen!'
‚Welch ein Heiliger! Ich werde für ihn beten, Mutter, ich werde für ihn beten, auch deiner Trauer werde ich gedenken in meinem Gebet, und um deines Gatten Gesundheit werde ich beten. Aber es ist eine Sünde von dir, ihn zu verlassen. Gehe zu deinem Mann und habe Nachsicht mit ihm. Wenn dein Knäblein von droben sieht, dass du seinen Vater im Stich gelassen hast, wird es weinen über euch. Warum störst du seine Seligkeit? Er lebt ja, er lebt, denn die Seele ist lebendig in alle Ewigkeit, und wenn er auch nicht in eurem Haus ist, so ist er doch unsichtbar bei euch.

Wie aber soll er in euer Haus kommen, wenn du sagst, dass dich Hass ergriffen hat gegen dein Haus? Zu wem soll er gehen, wenn er euch, den Vater und die Mutter, nicht beisammen findet? Siehst du, er erscheint dir jetzt im Traum, und du quälst dich, dann aber wird er dir sanfte Träume senden. Geh zu deinem Manne, Mutter, heute noch geh zu ihm!'
‚Ich werde hingehen, du mein Lieber, wie du mich geheißen hast ...'"

Wer könnte besser Trost spenden und Lebenshilfe geben wie es hier Sosima, der Starez vermag? Ich habe bewusst diese Partie in voller Länge eingebracht, weil sie mir in manchen persönlichen Gesprächen Hilfe und Wegweisung geworden ist.

Ich habe Mütter trösten können, die auch um ihre Kinder weinten und bin selbst getröstet worden über manchem Leid, das es in unserer Familie zu tragen galt.

Der Starez und die schwindsüchtige, sündige Frau

Dieses Thema von Leid und Trost findet sich auch in dem Roman „Die Brüder Karamasow" immer wieder. Eine beeindruckende Stelle will ich hier zitieren:

„Der Starez hatte unterdessen in der Menge zwei glühend auf ihn gerichtete Blicke bemerkt, die Blicke einer abgezehrten, ihrem Aussehen nach schwindsüchtigen, wenn auch noch jungen Bäuerin. Sie sah ihn

stumm an, ihre Augen baten um irgendetwas, aber sie scheute sich anscheinend, näher zu kommen.

‚Was führt dich her, meine Liebe?'

‚Erlöse meine Seele, du Guter', sagte sie leise und ruhig, kniete nieder und verneigte sich vor ihm bis zur Erde. ‚Gesündigt habe ich, mein Vater, mir ist angst wegen meiner Sünde.'

Der Starez setzte sich auf die unterste Stufe, die Frau kam zu ihm heran, ohne sich von den Knien zu erheben.

‚Witwe bin ich, schon das dritte Jahr', begann sie halb flüsternd, und es war, als schauderte sie dabei. ‚Schwer hatte ich es in der Ehe, alt war er, und er hat mich arg verprügelt. Er lag krank darnieder; da denke ich, wie ich ihn so ansehe: Wenn er nun wieder gesund wird und aufsteht, was dann? Und da kam mir der Gedanke ...'

‚Halt!', sagte der Starez und näherte sein Ohr ganz dicht ihren Lippen. Die Frau sprach leise flüsternd weiter, so dass fast nichts mehr zu vernehmen war. Als sie nach kurzer Zeit schwieg, fragte der Starez:

‚Das dritte Jahr?'

‚Das dritte Jahr. Zuerst dachte ich nicht daran, nun aber habe ich angefangen zu kränkeln, und da hat mich eine Herzensunruhe befallen.'

‚Kommst du von weit her?'

‚Fünfhundert Werst von hier.'

‚Hast du es in der Beichte gesagt?'

‚Ich habe es gesagt, zweimal habe ich es gesagt.'

‚Hat man dich zum Abendmahl zugelassen?'

‚Man ließ mich zu. Ich fürchte mich; vor dem Sterben fürchte ich mich.'

‚Fürchte nichts, und fürchte dich niemals, und gräme dich nicht. Wenn nur die Reue in dir nicht erlahmt – dann wird Gott dir alles vergeben. Solch eine Sünde gibt es nicht in der ganzen Welt und kann es gar nicht geben, die Gott der Herr einem wahrhaft Reuigen nicht verziehe. Ein Mensch kann gar nicht eine so große Sünde begehen, dass sie die unendliche Liebe Gottes erschöpfte. Oder kann es eine so große Sünde geben, dass sie Gottes Liebe überwöge? Um Reue sei nur besorgt, um unablässige Reue, die Furcht jedoch scheuche gänzlich von dir.
Glaube daran, dass Gott dich so sehr liebt, wie du es dir nicht einmal vorstellen kannst, dich sogar mit deiner Sünde und in deiner Sünde liebt. Über einen Sünder, der Buße tut, wird im Himmel mehr Freude sein als über zehn Gerechte, so steht es seit langem geschrieben. Geh also und fürchte dich nicht. Lass dich nicht erbittern gegen die Menschen, ärgere dich nicht, wenn dir Unrecht geschieht. Dem Verstorbenen vergib in deinem Herzen alles, womit er dich gekränkt hat, versöhne dich mit ihm in Wahrheit. Wenn du bereust, so liebst du auch. Liebst du aber, so bist du auch schon Gottes. ... Durch Liebe wird alles erkauft, alles gerettet. Wenn schon ich, ein ebenso sündiger Mensch wie du, deinetwegen Rührung und Mitleid empfand, um wieviel mehr wird es dann Gott tun. Die Liebe ist ein so unsäglich großer Schatz, dass man damit die ganze Welt kaufen könnte, nicht nur die eigenen Sünden kannst du damit loskaufen, sondern auch fremde. Geh denn und fürchte dich nicht.'
Er segnete sie dreimal mit dem Zeichen des Kreuzes, nahm ein kleines Heiligenbild von seinem Hals und

hängte es ihr um. Sie verneigte sich schweigend vor ihm bis zur Erde."

Die Legende vom Großinquisitor

Berühmt in dem Werk „Die Brüder Karamasow" aber ist die Legende vom Großinquisitor. An ihr haben sich viele Dispute und Diskussionen entzündet. Sie bildet den entscheidenden Inhalt eines Gesprächs zwischen den Brüdern Aljoscha und Iwan Karamasow. Zuvor war die Frage erörtert worden, ob es in der ganzen Welt ein Wesen geben könnte, das alles verzeihen kann. Aljoschas Antwort lautet dazu:

„Dieses Wesen gibt es, und es kann alles verzeihen, allem und jedem, denn es selbst hat sein unschuldiges Blut hingegeben für alle und alle. Ihn hast du vergessen ..."

Iwan antwortet:

„Nein, ich habe ihn nicht vergessen. Im Gegenteil, ich habe mich die ganze Zeit gewundert, dass du ihn so lange nicht genannt hast, denn gewöhnlich führen alle deinesgleichen vor allem ihn ins Treffen. Weißt du, Aljoscha, lache nicht, ich habe einmal ein Poem verfasst, ungefähr vor einem Jahr. Wenn du mir noch zehn Minuten widmen kannst, werde ich es dir erzählen."

Als Aljoscha erstaunt fragt, ob er es geschrieben habe, antwortet Iwan:

> *„O nein, geschrieben nicht, und nie im Leben habe ich auch nur zwei Verse gedichtet. Aber ich habe dieses Poem ersonnen und im Gedächtnis behalten. Du wirst mein erster Leser, das heißt der erste Zuhörer sein."*

Sogleich beginnt Iwan seine Geschichte vorzutragen, der er die Überschrift „Der Großinquisitor" gegeben hat. Was sie darstellt, spielt sich im 16. Jahrhundert zur Zeit der spanischen Inquisition in der Stadt Sevilla ab. Die Hauptperson, die dem Poem den Namen gegeben hat, stellt ein greiser, fast 90 jähriger Kardinal der katholischen Kirche dar. Seine Aufgabe ist die des Großinquisitors. Er hat die Ketzer aufzuspüren, zu verhören und nach der Verurteilung hinzurichten. Gerade hatte er in Gegenwart des Königs, der Ritter, des gesamten Hofstaates und vor den Augen des Volkes fast hundert solcher Ketzer töten lassen. Dieser Akt wurde als eine Tat „zur größeren Ehre Gottes" verstanden. Da nun erscheint der Eine, auf den die Kirchen nun schon seit 1500 Jahren gewartet hatten, dass er in Macht und Herrlichkeit wieder erscheinen sollte, nachdem er sein Leben für die Sünder am Kreuz gelassen hatte, und wieder auferstanden war. Iwan berichtet:

> *„Oh, das war natürlich nicht jene Herabkunft, bei der Er, wie Er versprochen hat, am Ende der Zeiten in all Seiner himmlischen Herrlichkeit erscheinen*

wird, urplötzlich, ‚gleich wie der Blitz ausgehet von Anfang und scheinet bis zum Niedergang.' Nein, ihn hat es danach verlangt, wenn auch nur für einen Augenblick, seine Kinder zu besuchen, und zwar gerade dort, wo die Scheiterhaufen prasselten. In seiner unendlichen Barmherzigkeit wandelt er noch einmal unter den Menschen in derselben Menschengestalt, in der er vor fünfzehn Jahrhunderten dreiunddreißig Jahre lang unter ihnen gewandelt ist."

Dennoch erkennen ihn alle. Sie sind begeistert und folgen ihm. Schweigend geht er durch die Menschenmenge hindurch „mit einem sanften Lächeln unendlichen Mitleids." Heilende Kraft geht von ihm aus wie einst. Er weckt sogar ein totes Kind auf, als dieses im Sarg in einer Sterbeprozession vorbeigetragen wird. Kinder streuen aus Verehrung Blumen auf seinen Weg.

Doch gerade in diesem Augenblick geht der Kardinal-Großinquisitor über den Platz, wo das alles geschieht, „groß und aufrecht, mit vertrocknetem Gesicht und eingesunkenen Augen, aus denen jedoch noch ein Glanz wie von Feuerfunken leuchtet." Er befiehlt den Wächtern, den wiedergekommenen Christus zu verhaften und ins Gefängnis zu werfen. Diese gehorchen unverzüglich, und die Menge verneigt sich vor dem greisen Großinquisitor.

In der darauf folgenden Nacht nun betritt der Großinquisitor die Kerkerzelle des Gefangenen und beginnt mit ihm ein denkwürdiges Gespräch.

Wenn es auch ein Poem, ein erdichtetes Gespräch ist, das in Wirklichkeit so unter diesen Umständen nie stattgefunden hat, so ist es doch voll tiefen Wahrheitsgehaltes, ja es trägt auch in gewissem Sinne prophetische Züge. Es durchleuchtet das Wesen menschlicher Religiösität, menschlicher Macht, religiöser wie politischer Macht, menschlicher Sehnsüchte und Hoffnungen, menschlicher Größe und menschlichen Elends. Gerade allen christlichen Kirchen, allen großen religiösen Institutionen hält es den Spiegel vor, um ihr wahres Wesen darin zu prüfen.

Das Material zu alledem ist hier die römisch-katholische Kirche in ihrer Machtentfaltung des 16. Jahrhunderts, jedenfalls so, wie Iwan Karamasow sie zu sehen meint.

Sicher verbirgt sich dahinter, wie viele Deuter Dostojewskis festgestellt haben, eine tiefe Abneigung gegen die katholische Kirche. Dostojewski scheint die dort anzutreffenden Beispiele echter Christusfrömmigkeit, die mit Machtentfaltung nichts zu tun haben, nicht gekannt zu haben. Aber auch der Protestantismus war ihm nur wenig erschlossen. Was er vor Augen hatte, und wovon er etwas erhoffte, war eine Erneuerung der Russisch-orthodoxen Kirche, eine Erneuerung, wie er sie in der Frömmigkeit des Starez Sosima und seines Schülers Aljoscha findet.

Deshalb wird gerade der christliche Leser, wenn er die Legende vom Großinquisitor auf sich wirken lässt, nicht zu der einfachen Konsequenz kommen dürfen: Großkirchen, ob nun evangelisch oder katholisch oder anderswie, sind immer etwas Gefährliches, sind Irrwege und Abwege des Christentums. Am besten schließe ich mich einer kleinen Gruppe an oder lebe mein Christentum ganz privat und unabhängig von jeder Institution.

So einfach ist es nicht. Diese glatte Lösung können wir den Ausführungen des Dichters nicht entnehmen. Hier sollen tiefere Schichten im Leser angerührt werden. Nicht umsonst bringt Dostojewski auch den Teufel, den Versucher, den er den „großen Geist", den „furchtbaren und klugen Geist" nennt, ins Spiel. Hier geht es um mehr als um menschliche Entscheidungen, um den Willen zu religiöser Machtentfaltung oder die Entmündigung der Massen. Es geht um die Macht teuflischer Verführung. Und sie kommt immer getarnt im Gewand des Helfers und Menschenfreundes, im Namen berechtigter Anliegen zu uns.

Sowohl im Großinquisitor wie in den von geknechteten und religiös entmündigten Menschen, die diese Entmündigung gerne hinnehmen, sollen wir uns wieder erkennen. Das Menschenherz trägt viele Züge und birgt verschiedene Irrwege in sich. So kann Iwan auf die Frage seines Bruders Aljoscha, ob das Ganze mit dem Großinquisitor nicht doch eine Phantasie sei, antworten:

> *„Es handelt sich hier nur darum, dass der Alte sich aussprechen muss, dass er endlich nach neunzig Jahren das aussprechen kann, worüber er die ganzen neunzig Jahre geschwiegen hat."*

Doch wenden wir uns dem Gespräch im Einzelnen zu. Gleich zu Anfang wird auf das entscheidende Problem hingelenkt. Es ist die Frage nach der Freiheit, die Christus den Menschen bringen wollte, und was daraus geworden ist.

> *„Nun siehst du diese freien Menschen", sagt der Großinquisitor mit einem tiefsinnigen Lächeln zu Christus. Und mit einem strengen Blick fährt er fort: „Ja, es kam uns teuer zu stehen, wir haben es aber schließlich in deinem Namen vollbracht. Fünfzehn Jahrhunderte haben wir uns mit dieser Freiheit gequält, und jetzt ist unser Werk fertig, endgültig fertig. Du blickst mich so mild an und würdigst mich nicht einmal deines Zornes? Wisse aber: jetzt, und gerade jetzt sind die Menschen mehr denn je davon überzeugt, sie seien frei, ganz frei. Und doch haben sie selbst uns ihre Freiheit gebracht und uns ihren Ungehorsam vor die Füße gelegt. Das eben ist unser Werk. Oder ist das die Freiheit, die du gewollt?"*

Es ist nach Meinung des Großinquisitors dieser Kirche mit ihren strengen Lehren, mit ihrer hierarchischen Ordnung, mit ihren genauen Moralvorschriften also gelungen, das Werk Christi zu vollenden und damit die Menschen glücklich zu machen. Aber es geschah auf Kosten einer ganz bestimmten Freiheit, nämlich der Freiheit eines an Christus allein gebundenen Gewissens und des daraus fließenden Gehorsams gegen Ihn. Die Kirche hat den Menschen ihre innersten Entscheidungen abgenommen. Der Großinquisitor rechtfertigt sein Handeln damit, dass er sagt:

> *„Du hast es durch dein Wort bekräftigt, du hast uns das Recht gegeben, zu binden und zu lösen – fertig! – und jetzt darfst du nicht einmal daran denken, uns dieses Recht zu nehmen. Warum bist du gekommen, uns zu stören?"*

Der wahre Christus also erscheint als der große Störenfried in einer Kirche, die es sich zur Aufgabe gemacht hat, die Menschen auf ihre Weise glücklich zu machen.

Hat Christus also mit seinem Evangelium, das den Menschen in seine freiwillige Nachfolge ruft, eine falsche Botschaft gebracht? Hat er etwas angestoßen, das doch nicht zum Erfolg führt, durch das die meisten Menschen nicht glücklich werden können? Ist es eine Botschaft nur für die Starken und die kleine Schar der Auserwählten, die die Massen, geschweige denn die ganze Menschheit nie erreichen kann? Der Großinquisitor ist dieser Meinung, und er zeigt dem Christus auch, dass es ihm seinerzeit nicht an Warnungen gefehlt hat. Wer hat diese Warnungen gegenüber Jesus ausgesprochen, als er auf Erden wandelte? Es war „der große und kluge Geist", der mit Jesus in der Wüste gesprochen hat. Der Teufel hat es also besser gewusst, wie es um den Menschen steht. In den drei Fragen, die er in der Versuchung an Jesus gerichtet hat, sieht der Großinquisitor das größte Wunder, das je zu verzeichnen war. Wenn man sich vorstellte, diese drei Fragen wären in Vergessenheit geraten oder aus allen Büchern gestrichen worden und müssten neu entdeckt werden, und wenn man zu diesem Zweck alle Klugen, Gelehrten, Dichter und Herrscher zusammennähme und ihnen die Aufgabe stellen würde:

„Erfindet und erdichtet drei Fragen, die nicht nur der unermesslichen Größe des Augenblicks entsprechen, sondern auch in drei Worten, in drei Sätzen der menschlichen Sprache die ganze zukünftige Ge-

schichte der Erde und der Menschheit enthalten – glaubst du, dass die ganze Weisheit der Erde zusammengenommen etwas finden könnte, was an Kraft und Tiefe den drei Fragen gleichkäme, die dir damals von dem mächtigen und klugen Geist in der Wüste gestellt worden sind? Schon aus diesen Fragen allein und dem Wunder, dass sie überhaupt gestellt wurden, kann man erkennen, dass man es nicht mit dem vergänglichen menschlichen, sondern mit einem ewigen und absoluten Verstande zu tun hat. Denn in diesen Fragen ist gleichsam die ganze spätere menschliche Geschichte zu einem Ganzen zusammengefasst und vorhergesagt und sind drei Bilder gegeben, in denen sich alle unlösbaren historischen Widersprüche der menschlichen Natur treffen, die es nur in der Welt gibt."

Solche Worte des Großinquisitors muss man erst einmal auf sich wirken lassen, um ihre ganze Tiefe und Ungeheuerlichkeit zu erahnen. Jedenfalls rundet dann der Großinquisitor seine Aussagen mit der Frage ab, die er dem Christus vorlegt:

„Entscheide nun selbst, wer Recht hatte: du oder der dich fragte?"

Hinter allem leuchtet auf, was schon in der allerersten Versuchung im Garten Eden von der Schlange an den Menschen herangetragen wurde: „Sollte Gott gesagt haben?" Sollte es wirklich so funktionieren mit dem, was Gott will und was er dem Menschen vorlegt? Muss man die ganze Frage nach der Entfaltung und dem

Lebensglück des Menschen nicht anders verstehen und deshalb auch ganz anders angehen?

Solche Versuchungen wären ja nicht teuflisch, sie wären nicht wirklich gefährlich, wenn sie nicht auch einen Teil der Wahrheit auf ihrer Seite hätten und wenn sie nicht ernst zu nehmende Fragen aufgriffen.

Der Großinquisitor geht davon aus, dass die Menschen ohnmächtige Empörer sind. Sie leben in Auflehnung gegen Gott und doch sind sie zugleich schwach. Sie können sich nicht selbst zu ihrem Glück verhelfen. Das ist durchaus richtig. Ist es dann nicht ein Gebot der Liebe gegenüber diesen schwachen Empörern, dass man ihnen zum Glück verhilft? Die Mittel dazu bietet der Versucher, der „große, kluge, übermenschliche Geist" in der Wüste an: „ Mache sie satt, gib ihnen Brot, mach Steine zu Brot, vollbringe das Brotwunder, und dann kannst du auch die Tugend von ihnen verlangen." Erst Brot, dann die Wahrheit. Keine Annahme der Wahrheit ohne Brot. Zuerst müssen die elementaren Grundbedürfnisse des Menschen gestillt werden, dann kann man auch an seine höheren Bedürfnisse wie die Suche nach Wahrheit und dem Lebenssinn herantreten. So würden wir es vielleicht heute im Namen einer gewissen Psychologie ausdrücken.

Jesus hat diese Mittel abgelehnt. Für ihn waren es die Versuchungen Satans, die ihn auf einen anderen als den von Gott gewiesenen Weg führen sollten. „Der Mensch lebt nicht vom Brot allein, sondern von einem jeden Wort, das aus dem Munde Gottes geht." Damit tritt er dem Versucher entgegen. Zuerst die Gemeinschaft mit Gott, das Hören auf ihn, dann das

Brot, dann das Wunder. Nicht die Faszination des Außergewöhnlichen, wie sie der Sprung von der Höhe des Tempels mit sich gebracht hätte, nicht die Staunen erregende Welteinheit unter einem religiösen Führer, wie sie die letzte Versucherfrage nahelegt, hat Jesus gewählt, sondern den Ruf in die Nachfolge in der Freiheit einer persönlichen Gottesbeziehung, die vor allem andern steht.

Der Großinquisitor hält ihm entgegen:

„Und du hofftest, dass auch der Mensch, deinem Beispiel folgend, seinen Glauben an Gott auch ohne Wunder bewahren würde. Du wusstest aber nicht, dass der Mensch, sobald er das Wunder verwirft, auch Gott verwirft, denn der Mensch sucht weniger Gott als das Wunder. Und da der Mensch ohne Wunder gar nicht auskommen kann, so wird er sich neue Wunder in Fülle schaffen, seine eigenen Wunder, und jeden Zauber und jede Hexerei anbeten, wenn er auch hundertmal Empörer, Ketzer und Gottesleugner ist. Du stiegst nicht vom Kreuz, als sie dir höhnend zuriefen: ‚Steig herab vom Kreuz, und wir werden glauben, dass du es bist.‘ Du stiegst nicht herab, weil du wiederum den Menschen nicht durch ein Wunder knechten wolltest und nach einem freien Glauben und nicht nach dem Wunderglauben lechztest. Du lechztest nach Liebe in Freiheit und nicht nach dem knechtischen Entzücken eines Sklaven vor einer Macht, die ihn ein für allemal erschreckt hat. Du hast aber die Menschen auch darin zu hoch eingeschätzt, denn sie sind wahrlich nichts anderes als Sklaven, wenn auch zu Empörern geboren. Blicke dich um und urteile. Nun

sind 15 Jahrhunderte vergangen. Sieh dir die Menschen an: Wen hast du zu dir erhoben? Ich schwöre, der Mensch ist viel schwächer, als du glaubst!"

Nach Meinung des Großinquisitors hätte nur eine kleine Schar Jesus wirklich nachfolgen können. Wäre das aber Liebe, wenn man die Übrigen, die Schwachen, darüber vernachlässigt? So heißt es dann weiter:

„Was können die übrigen schwachen Menschen dafür, dass sie nicht dasselbe ertragen konnten, was die Starken ertragen haben?"

Für diese Liebe zu den Schwachen nun, wie sie der Großinquisitor bei Jesus vermisst, wie er sie aber hinter den Fragen des Versuchers heraushört, ist ihm jedes Mittel recht. Er geht davon aus und er will es den Menschen zeigen, dass sie schwach und ohnmächtig, und nicht für die Freiheit, die Jesus will, geschaffen sind.

So hat die Kirche des Großinquisitors aus diesen Erfahrungen gelernt und damit in ihrem Sinne das Werk Jesu weitergeführt. Sie hat die Menschen zu einer Herde gemacht, weil sie erkannt hat und weiß, dass im Menschen nicht nur die Empörung lebt, sondern auch das Verlangen, sich einer schützenden Macht zu beugen und dafür sogar die innere Freiheit aufzugeben.

"Dann werden wir ihnen ein stilles, bescheidenes Glück geben, das Glück der schwächlichen Geschöpfe, als welche sie geschaffen sind", sagt der Großinquisitor und fügt wenig später hinzu: *"O, wir werden ihnen auch ihre Sünden erlauben, denn sie sind schwach und kraftlos und werden uns wie die Kinder dafür lieben, dass wir ihnen die Sünde erlauben. Wir werden ihnen sagen, dass jede Sünde getilgt ist, wenn sie mit unserer Genehmigung begangen wurde; dass wir ihnen nur darum zu sündigen erlauben, weil wir sie lieben; die Strafen für diese Sünden wollen wir aber gern auf uns nehmen, und sie werden uns als ihre Wohltäter vergöttern, weil wir vor Gott ihre Sünden auf uns nehmen."*

Und der tiefste Grund für das Glück der Menschen liegt darin, so drückt es der Großinquisitor aus, dass

"wir ihnen die großen Sorgen und die schweren Qualen der persönlichen Entscheidung nehmen werden."

Am Schluss seiner Ausführungen macht der Großinquisitor deutlich, dass er sich den Weg zu einer solchen Haltung nicht einfach gemacht hat. Auch er habe einmal zu der Schar der Starken gehört, die im Sinne Jesu alles um seinetwillen auf sich nahm. Aber nun sei er zur Besinnung gekommen und der Schar derer beigetreten, die das Werk Jesu in besserer Weise fortführen wollen. So kann er sagen:

"Und ich kehrte um und schloss mich der Schar derer an, die deine Tat verbesserten. Ich habe die Stolzen verlassen und bin zu den Demütigen zum Heile dieser Demütigen zurückgekehrt. Alles, was ich dir sage, wird geschehen, und unser Reich wird gegründet werden. Ich sage es dir wieder: Morgen wirst du diese gehorsame Herde sehen, die auf den ersten Wink meiner Hand sich zu deinem Scheiterhaufen stürzen wird, um die Kohlen zu schüren, auf denen ich dich dafür verbrennen werde, dass du gekommen bist, uns zu stören. Denn wenn jemand mehr als alle unsern Scheiterhaufen verdient, so bist du es. Morgen werde ich dich verbrennen."

Doch zu dieser Verbrennung kommt es nicht. Die Legende hat einen anderen Schluss:

"Der Großinquisitor ist mit seiner Rede fertig und wartet noch eine Zeitlang, was der Gefangene ihm darauf antworten wird. Sein Schweigen bedrückt ihn schwer. Er hatte gesehen, dass der Gefangene ihm die ganze Zeit aufmerksam zuhörte, ihm tief und durchdringend in die Augen blickte, offenbar ohne Absicht, ihm etwas zu entgegnen. Der Alte will aber, dass er ihm etwas sage, und sei es auch etwas Bitteres und Schreckliches. Da geht er plötzlich stumm auf den Alten zu und küsst ihn leise auf seine blutleeren neunzigjährigen Lippen. Das ist seine ganze Antwort. Der Alte fährt zusammen. Etwas zuckt an seinen Mundwinkeln; er geht zur Tür, öffnet sie und sagt zu ihm: ‚Geh und komm nie wieder ... komm niemals ... niemals, niemals!'"

Und er lässt ihn hinaus auf die dunklen Plätze der Stadt. Das letzte, was wir dann vom Großinquisitor hören, ist der Satz, den Iwan seinem Bruder Aljoscha auf die verständliche Frage „Und der Alte?" antwortet. Er lautet:

Der Kuss brennt ihm auf dem Herzen, doch er bleibt bei seiner Anschauung.

Eigentlich sollte der Roman noch weiter fortgesetzt werden, aber der Tod Dostojewskis ließ dies nicht mehr zu. So hat sein Leben mit dem Werk „Die Brüder Karamasow" seinen krönenden Abschluss gefunden.

Aus Dostojewskis Erzählungen

„Geschichte einer unglücklichen Ehe"

Neben seinen großen Romanen, die zur Weltliteratur gehören, hat Dostojewski auch wunderschöne Erzählungen geschrieben. In seiner Zeitschrift, die er selbst herausgebracht hat, veröffentlicht er die „Geschichte einer unglücklichen Ehe". Sie endet tragisch mit dem Selbstmord der Frau. Er erzählt sie aus der Perspektive eines uneinsichtigen Ehemannes, der ein kühler Rechner ist und glaubt, auch seine Ehe nach berechnenden Planungen führen zu können. Meisterhaft ist seine Darstellung.

> *„Vor allem stürzte sie sich gleich von Anfang an, so sehr sie auch versuchte, sich zusammenzunehmen, mit aller Liebe auf mich, kam mir, wenn ich sie abends aufsuchte, begeistert entgegen, erzählte mir mit ihrer kindlichen Stimme (der bezaubernden Stimme der Unschuld!) ihre ganze Kindheit, erzählte vom Haus der Eltern, von Vater und Mutter. Ich aber überschüttete diese ganze Wärme sofort mit kaltem Wasser. Darin lag ja meine Idee. Auf Begeisterung antwortete ich mit Schweigen, selbstverständlich wohlwollendem ... Sie aber erkannte rasch, was für ein Unterschied zwischen uns bestand und dass ich ein Rätsel war. Ich setzte ja vor allem auch auf das ‚Rätsel'! Denn vielleicht hatte ich diese ganze Dummheit gemacht, um mich mit etwas Rätselhaftem zu umgeben! An*

erster Stelle Strenge – unter dieser Devise habe ich sie auch in meine Wohnung gebracht. Kurzum, ich erarbeitete damals, obwohl ich durchaus zufrieden war, ein ganzes System aus. Es ergab sich ohne jede Anstrengung von selbst. Es konnte auch nicht anders sein, ich musste dieses System aufgrund eines unabwendbaren Umstands schaffen, – doch halt, was soll eigentlich diese Selbstbezichtigung! Das System war echt."

Diese Erzählung geht auf ein wirkliches Geschehen zurück. In einem Zeitungsbericht las Dostojewski von einem tragischen Selbstmord. Am 3. Oktober 1876 habe sich eine junge Frau mit einer Ikone in der Hand aus einem hohen Haus in die Tiefe gestürzt. In den Notizen des Dichters ist dazu vermerkt:

„Diese Ikone in den Händen, das ist ein seltsamer und bei einer Selbsttötung noch nie gehörter Zug."

Dieser ungewöhnliche Fall, im wahrsten Sinne des Wortes, hat ihn zu dieser Geschichte inspiriert.

„Der ehrliche Dieb"

In die Reihe der Geschichten gehört auch die Erzählung „Der ehrliche Dieb". Mich hat sie sehr beeindruckt. Schon vor einigen Jahren habe ich sie gelesen und sie dann bei unterhaltsamen Abenden auf Frauenfreizeiten nacherzählt. So will ich sie auch hier zur Freude der Leser wiedergeben.

"Es gibt nichts Abscheulicheres auf der Welt als einen Dieb."

So beginnt Dostojewski seine Erzählung.

"Und doch habe ich einen ehrlichen Dieb erlebt. Ich begegnete einem rettungslos verlorenen Trinker, Lump und Schmarotzer. Wegen seiner Sauferei und seines Müßiggangs fand er keine Arbeit. Sein letztes Hemd setzte er in Schnaps um. Aber er war trotz aller Verkommenheit ein friedlicher Kerl. Er bettelte auch nicht auf der Straße. Aber wenn er die Leute mit großen, erwartungsvollen Augen ansah, konnte ihm keiner widerstehen und bezahlte ihm einen Wodka oder einen anderen Branntwein. Wie ein treues Hündchen hängte er sich an jeden, der ihm begegnete. Weil er kein Dach über dem Kopf hatte, nahm ich ihn mit und gab ihm zu essen und zu trinken. In einer Kammer bereitete ich ihm eine Schlafstatt. Der Kerl machte überhaupt keine Anstalten mehr, mich wieder zu verlassen. Ich ärgerte mich zwar darüber, denn ich hatte selber nicht viel zu beißen und zu knabbern, aber ihn in die grimmige Kälte und finstere Nacht fortzujagen, das brachte ich auch nicht übers Herz.
Bald würde ich mir sowieso eine andere Wohnung suchen müssen, dann würde ich auch die versoffene Kreatur loswerden. Also blieb er vorerst.
Bei einem alten, buckligen Weiblein mietete ich mir eine kleine Behausung und hoffte, damit den Taugenichts für immer los zu werden. Aber was geschah? Als ich am Abend von der Arbeit kam, traute ich

meinen Augen kaum. Auf meiner Kiste saß mein verkommener Freund. Sein blau kariertes Bündelchen mit seinem Hab und Gut hatte er neben sich gelegt. Also war er mir doch auf die Spur gekommen. Ich überlegte: Na, allzu viel wird er dich nicht kosten. Morgens gibst du ihm ein Stück Brot und legst noch eine Stange Lauch hinzu. Mittags wieder Lauch und ein bisschen Maisbrei, und abends würde ich ihm einen Teller von meinem Borscht, einer herrlichen Kohlsuppe, abgeben. Einer der trinkt, isst nicht viel. Meist ist er schon mit seinem Branntwein zufrieden. Ich hatte mich so an diesen Kameraden gewöhnt, dass er mir fehlen würde, wenn ich ihn fortjagte. Also beschloss ich, für ihn zu sorgen und sein Wohltäter zu sein. Vielleicht gelänge es mir sogar, ihn von der Schnapsflasche abzubringen.

‚Pass auf, Aljoscha‘, sagte ich mehr zu mir selbst als zu ihm, ‚ab heute hörst du auf mein Kommando! Es wird höchste Zeit‘, belehrte ich ihn, ‚dass du dich besinnst, sonst bist du rettungslos verloren und verendest elendiglich in der Gosse. Dein Mantel ist so schäbig und zerlumpt, dass es mir schon peinlich ist, dich genauer anzuschauen. Die Löcher sind mittlerweile so groß, dass mich die Angst überfällt, man könnte etwas Peinliches und Anstößiges entdecken. Ich gebe dir noch etwas Zeit, aber danach musst du dir Arbeit suchen. Nimm dich zusammen! Noch habe ich Hoffnung für dich.‘

Und was tat mein Schützling? Er saß da und senkte den Kopf. Kein vernünftiges Wort kam über seine Lippen. Ich redete von Kraut, und er sprach von Rüben. Tief seufzte er auf, als müsste er die Last der ganzen

Welt tragen.: ‚Ach, was soll ich mir bloß für Arbeit suchen? Wer wird mich schon nehmen?'

‚Ja, du Trunkenbold, du Nichtsnutz, du bist doch an allem selber schuld. Warum hast du es in deinem Leben so weit kommen lassen? Der Branntwein ist dir lieber als die Arbeit.'

Als Aljoscha merkte, dass ich böse wurde, griff er sich seinen Mantel und entwischte durch die Tür. Den ganzen Tag ließ er sich nicht wieder blicken. Wo er herumlungerte, das weiß ich nicht. Wahrscheinlich saß er wieder im Wirtshaus. Am Abend kam er dann sternhagelvoll nach Hause. Irgendwie fand er immer spendierfreudige Leute, die ihm den Schnaps bezahlten.

Ich schimpfte los: ‚Wenn du wieder so betrunken heimkommst, musst du auf der Treppe draußen in der Kälte schlafen. Ich lass dich nicht mehr in meine Wohnung rein.'

Mein Kumpan hörte sich die Strafpredigt an und hielt es daraufhin zwei Tage ohne Alkohol aus. Am dritten Tag aber machte er sich klammheimlich aus dem Staube. Den ganzen Tag über blieb er verschwunden. Ich hatte Angst um ihn, machte mir Vorwürfe, dass ich den armen Teufel so angebrüllt hatte. Wo mag er nur stecken? Vielleicht geht er noch vor die Hunde. Die ganze Nacht wartete ich vergeblich auf ihn, konnte vor Sorgen kein Auge zumachen.

Als ich dann am Morgen die Tür öffnete, sah ich, wie mein Freund auf der Treppe lag. Ganz starr war er vor Kälte.

‚Warum liegst du auf den bloßen Stufen? Was machst du hier draußen?', schimpfte ich mit ihm. ‚Aber Sie

haben es doch selbst gesagt, ich dürfe nicht mehr unter Ihr Dach kommen, wenn ich getrunken habe. Sie waren doch so verärgert über mich, und da habe ich Angst bekommen und habe mich hier draußen ausgestreckt.'
Ich war entsetzt und wütend zugleich, voller Mitleid.
‚Ach hättest du dir wenigstens eine andere Arbeit verschafft, anstatt vor meiner Tür zu liegen und den Wächter zu spielen!', schleuderte ich ihm die Worte entgegen.
‚Ja, welche Arbeit denn?', schaute er mich mit großen Augen an.
Nun konnte ich dem Saufkumpan einfach nicht mehr böse sein.
‚Komm', ermutigte ich ihn ‚du könntest wie ich das Schneiderhandwerk erlernen, du verkommener Kerl! Sieh nur, wie dein Mantel ausschaut! Hol dir eine Nadel und stopf die Löcher zu!'
Ich hatte dies nur im Scherz gesagt, denn wie sollten seine zittrigen Hände und seine vereiterten, entzündeten Augen das Nadelöhr finden? Und was tat mein Geselle? Er holte sich einen Wollfaden herbei und versuchte, eine Nadel einzufädeln. Er kniff seine Augen zusammen, feuchtete mit seiner Spucke das Fadenende an und versuchte es immer wieder, das Loch in der Nadel zu finden. Aber er schaffte es nicht. Schließlich warf er resigniert die Nadel auf den Tisch und blickte mich hilflos an.
‚Komm, lass es sein, Aljoschka, ich hab's doch bloß aus Spaß gesagt. Lass die Finger vom Nähen, aber mach mir keine Schande mehr und lauf betrunken

durch die Gegend oder bleib auf meinen Treppenstufen sitzen!'

Er entgegnete mir: ‚Mein Herr, ich weiß, dass ich ständig einen über den Durst trinke. Ich kann gar nicht mehr anders. Ich bin eine Blamage für Sie, meinen Wohltäter', und dabei rollte ihm eine dicke Träne über seine Wange in seinen struppigen Bart. Sein Weinen versetzte mir einen Stich ins Herz.

Und dann passierte noch ein Malheur. Ich hatte eine prima Reithose aus blauem Stoff mit Karos, die ich für einen Gutsbesitzer genäht hatte. Aber sie hatte nicht gepasst, und so blieb sie bei mir in der Kiste liegen. Vielleicht könnte ich sie für einen andern Kunden umändern, dachte ich im Stillen.

Für meinen zechfreudigen Gesellen brach eine trübselige Zeit heran. Er stierte nun schon drei Tage vor sich hin und rührte kein Schnapsglas mehr an. Er trauerte vor sich hin.

‚Entweder du kannst zu keinem Rubel mehr kommen, damit du dir Alkohol kaufen kannst, oder aber du willst auf den Pfad der Tugend zurückkehren', sagte ich mir und schöpfte dabei Hoffnung.

Aber es kam alles ganz anders. Eines Abends eilte ich vom Gottesdienst nach Hause und traf dort Aljoscha sternhagelblau an. Er saß auf dem Fensterbrett, und wiegte sich in seinem Suff hin und her. ‚Ach Freundchen', wurde ich wütend. ‚Hat dich der Schnaps wieder fest im Griff?' Wie im Trancezustand öffnete ich meine Kiste. Ich erschrak: Die blaue Reithose, das gute, teure Stück war weg. Ich wühlte alles durcheinander, aber vergeblich. Erst beschimpfte ich die Haushälterin, vielleicht hatte sie mein Zeug aufgeräumt und die Hose an einen andern Platz gelegt. Aber plötzlich ging mir ein Licht auf. Ich fragte meinen Schützling: ‚Aljoscha, hast du meine Reithose genommen?' ‚Nein, nein, mein Herr', stammelte er, ‚ich habe sie nicht gebraucht.' Ich suchte weiter, aber ohne Erfolg. Das Blut wallte mir in den Adern. Ich sah, wie Aljoscha sich auf dem Fensterbrett hin und her wiegte. Ich wurde ganz rot im Gesicht, die Adern schwollen mir an: ‚Sag mal, Saufbruder, hast du meine Hose?'

‚Keine Ahnung', entgegnete er mir wie ein Unschuldiger.

‚Ach, dann ist meine Hose ganz von selbst verschwunden, Freundchen.'

‚Vielleicht', gab er mir zur Antwort.

Der Ärger übermannte mich. Aljoscha empfand meine Wut, kroch auf allen Vieren über das Bett, um meine Hose zu suchen. Ich blickte grimmig zu ihm hinüber.

‚Nichts zu finden', lallte er vor sich hin. ‚Wo mag das Biest von Hose nur sein?'

‚Aljoscha, hast du meine Hose gestohlen?', schrie ich ihn zornig an.

‚Soll ich denn ein Spitzbube sein, ein Dieb, wo du mir doch so viel Gutes getan hast und noch tust?' Er zitterte am ganzen Körper.

‚Nun, mein Freund, entschuldige, dass ich dich des Diebstahls bezichtige. Mag der Teufel die Reithose holen, ich komme auch ohne sie zurecht. Ich habe doch Hände und kann sie regen.'

Aljoscha hörte mir eine Weile zu, blieb vor mir sitzen und rührte sich den ganzen Abend nicht mehr von

der Stelle. Ich war schon am Einnicken, er aber lag in seinen schäbigen Mantel gehüllt auf dem Boden. Er spielte den Beleidigten; denn ich hatte gewagt, ihn als Dieb zu bezeichnen. Er traute sich nicht, in sein Bett zu schlüpfen.
Ich aber begann, meinen Freund zu hassen. Ich fühlte mich wie vom eigenen Sohn bestohlen. Und das schmerzte in meiner Brust. All das Gute, das ich ihm getan hatte, war wie in den Sand gesetzt. Ich würdigte ihn keines Blickes mehr.
Daraufhin betrank sich Aljoscha ganz entsetzlich. Vierzehn Tage lang verschwand er schon morgens ganz früh, noch ehe ich ein Wort an ihn richten konnte, aus der Wohnung, und kam in der Nacht erst – total betrunken – heim. Kein einziges Wort hat er in der Zeit mit mir geredet. Der Kummer nagte an seinem Herzen, und er hielt die Spannung nicht aus. So vertrank er alles. Einmal saß er sogar drei Tage auf dem Fensterbrett. Und plötzlich entdeckte ich, dass er weinte. Nein, er weinte nicht, sondern ließ seine Tränen wie bei einem Sturzbach über seine Wangen fließen. Sie tropften auf die Dielen. Voller Teilnahme fragte ich: ‚Das ist mit dir los, Aljoscha?'
Ein Schrecken durchfuhr seinen Körper, denn zum ersten Mal redete ich ein Wort mit ihm.
‚Nichts', gab er mir achselzuckend zu verstehen. ‚Ich will mir eine Arbeit suchen, und dann will ich Ihnen alles zurückzahlen, was Sie mir Gutes getan haben: Beköstigung, Wohnen und was sonst noch war.'
‚Hör auf, so zu reden', fiel ich ihm ins Wort, ‚lass uns doch wie früher zusammen leben.'
‚Nein, das geht nicht! Sie denken noch immer, ich

hätte die Reithose gestohlen, aber ich habe sie mir nicht angeeignet. Ich kann es nicht mit meinem Ehrgefühl vereinbaren, noch länger auf Ihre Kosten zu leben. Ich ziehe aus.'

‚Ich weiß nicht, was du willst. Ich tue dir nichts zu leid und setze dich auch nicht vor die Tür.'

Aber mein Reden half nicht. Aljoscha war gekränkt und beharrte auf seiner Entscheidung. Er warf sich seinen zerlumpten Mantel über die Schulter und trottete davon. ‚Ich gehe meiner Wege', rief er mir noch zu.

‚Aljoscha, wo willst du hin? Sei doch kein Narr! Du findest doch nirgends ein Dach über den Kopf. Bleib hier!'

‚Nein, mein Herr, ich sage ade! Leben Sie wohl! Ich will mich lieber fortmachen. Sie haben sich verändert. Sie sind nicht mehr der Alte, der Sie einmal waren!'

‚Sei kein Dummkopf! Du bist so störrisch wie ein ungehorsames, trotziges Kind!' redete ich ihm zu. ‚Du rennst in dein Verderben! Warum tust du mir dies an? Hab ich dir etwa Unrecht getan?'

‚Mein Herr, Sie hängen ein Schloss an den Riegel Ihrer Kiste, wenn ich aus dem Hause gehe. Das bedeutet doch, dass Sie mir nicht mehr trauen. Dies ist mir eine schreckliche Kränkung. Lassen Sie mich ziehen. Verzeihen Sie mir, wenn ich Ihnen etwas zu Leide getan habe.' Und bei diesen Worten wurden seine Schritte schneller, und er verließ mich ganz.

Ich war untröstlich. Ich wartete einen Tag, hoffte, er komme am Abend zurück. Dann kam der zweite und dritte Tag. Da packte mich die Angst. Ich konnte kei-

nen Schluck Tee mehr herunterbringen, und das Brot blieb mir im Halse stecken. An Schlaf war nicht zu denken. Meine Gedanken drehten sich nur um die eine Frage: Wo ist Aljoscha? Dieser Mann brachte mich an den Rand der Gesundheit. Am vierten Tag machte ich mich auf den Weg, ich schaute in alle Spelunken und Kneipen hinein und hielt Ausschau nach meinem Freund, wo er denn verblieben wäre. Aber mein Säufer blieb unauffindbar. Ich bangte um ihn und fragte mich im Stillen: ‚Aljoscha, liegst du vielleicht in der Gosse oder in einem Graben? Lebst du noch, oder bist du schon tot? Siehst du schon aus wie ein Stück angefaultes Holz, um das sich niemand kümmert?‘ Ich war verzweifelt. Ich litt mit meinem jungen Freund, machte mir Vorwürfe: ‚Warum habe ich ihn nur weglaufen lassen? Ich hätte ihm wehren und ihn in der warmen Stube behalten müssen. Wahrscheinlich lebt er gar nicht mehr.‘

Am folgenden Tag hielt ich es nicht mehr länger in meinem Bett aus. Ich musste aufstehen und nach Aljoscha suchen. Ich schalt mich selbst einen Narren, weil ich diesem Trottel und Trunkenbold nicht den Weg verstellt hatte. Aber dann am fünften Tag, als die Vögel zu singen begannen und der neue Morgen graute, vernahm ich ein Knarren. Ich hielt den Atem an. Vorsichtig schaute ich zur Tür. Da stand Aljoscha vor mir, starr und blau gefroren. Die Haare waren ganz durchnässt und struppig wie bei einem alten Esel, der durch den Regen getrabt ist. Er war so abgemagert wie ein dürrer Gaul, bei dem man jede Rippe zählen kann. Hatte er unter freiem Himmel schlafen müssen? War er unter die Räuber gefallen? Aljoscha

riss sich den Mantel vom Leib und warf ihn über einen Haken. Er setzte sich zu mir auf die Kiste und blickte mich mit starren Augen an. Meine Freude war groß, aber sie wich auch gleich wieder meiner Angst. Ich dachte diesem Geschehen nach. Hätte ich mich so wie Aljoscha verhalten, ich hätte nicht die Kraft gehabt umzukehren. Lieber wollte ich wie ein Hund elendiglich im Straßengraben verenden, als mir diese Blöße zu geben. Nein, ich hätte nicht zurückgehen können.
Aber mein Freund hatte trotz allem, was vorgefallen war, den Weg zu mir gefunden. Seine Elendsgestalt verursachte mir Pein. Ich überwand allen Schmerz und zeigte mich freundlich, ja zuvorkommend ihm gegenüber. Ich versuchte ihn zu trösten:
‚*Ach, was ich mich freue, Aljoscha, du bist wieder da! Hast du Hunger? Soll ich dir schnell ein Süppchen kochen? Du bist ja ganz durchgefroren. Wärst du nur einen Augenblick später gekommen, dann hättest du mich nicht angetroffen. Ich wäre wieder auf der Suche nach dir gewesen und hätte alle Wirtshäuser abgeklappert. Die Augen habe ich mir nach dir aus dem Kopf geschaut. Hier, mein Freund, iss diesen Teller Borscht! Er ist nicht bloß aus Wasser gekocht, ein Kilogramm schieres Rindfleisch habe ich in den Topf geworfen. Iss nur auch das Brot dazu, das wird dich stärken!*'
Ich legte ihm noch eine Stange frischen Lauchs dazu, und Aljoscha zeigte sich nicht als Kostverächter. Er langte kräftig zu und aß wie ein junger Wolf. Wahrscheinlich hatte er drei Tage nichts zu Essen bekommen. Vielleicht hatte ihn sein übergroßer Hunger mir

in die Arme getrieben. Eine innere Rührung packte mich. ,Aljoscha, jetzt trinken wir noch ein Glas zusammen und ziehen unter unsere Konflikte einen Schlussstrich. Einmal muss man das Alte vergessen können. Hier, heb das Glas, Aljoscha, trinken wir einen Schluck zur Feier des Tages. Du bist mir wie ein Sohn, du bist wieder nach Hause gekommen.'

Er griff nach dem Glas, gierig und schnell, hielt inne, so als müsste er sich erst besinnen. Sein Arm zitterte, und der Branntwein schwappte über den Rand des Glases und tropfte auf seine alte, schäbige Jacke. Er hielt das Glas schon an seine Lippen, setzte es dann wieder ab.

,Was ist los, Aljoscha?'

,Mein Herr, es ist besser, ich trinke keinen einzigen Schluck mehr.'

,Wie, du trinkst nicht mehr? Trinkst du nur heute nicht, oder ist dies ein Entschluss für immer?'

Aljoscha brachte kein Wort mehr hervor. Er verbarg sein Gesicht mit seinen Armen.

,Was ist los mit dir? Ist dir übel? Bist du krank, Aljoscha?'

,Ja, mir ist ein bisschen unwohl.'

Ich griff ihn mit meinen beiden Armen und legte ihn aufs Bett. Sein Kopf glühte. Ein Schüttelfrost warf ihn in die Kissen zurück. Den ganzen Tag saß ich in seiner Nähe und hielt seine Hand. Am Abend verschlechterte sich sein Zustand. Ich bereitete ihm einen Stärkungstrank aus Kwass, Öl und Lauch und krümelte noch etwas Brot hinein. Ich wollte ihn füttern, aber er schüttelte den Kopf. ,Ich mag heute nichts essen.'

Ich gab ihm heißen Tee zu trinken. Der sollte seine Lebensgeister wecken. Aber alles half nicht. Es stand sehr ernst um ihn. Am dritten Tag holte ich einen Arzt herbei. Der Doktor schaute ihn nur an und sagte: ‚Es steht schlecht um ihn. Sie hätten mich gar nicht erst rufen müssen. Jede Hilfe kommt zu spät.' Er verschrieb dann noch ein Pülverchen, das ich aber Aljoscha nicht mehr gab.
Nun war der fünfte Tag gekommen. Wie tot lag mein Freund vor mir auf dem Bett. Ich saß am Fenster und wollte meiner Arbeit nachkommen, aber daraus wurde nichts. Nicht einen Stich konnte ich in den Stoff bringen. Meine alte Haushälterin hatte den Ofen tüchtig geschürt.
Das Weh und der Schmerz brachen mir fast das Herz, wenn ich meinen Freund so elend da liegen sah. Es war mir zu Mute, als läge mein Sohn in den Kissen. Mit großen Augen, die von Angst gezeichnet waren, schaute mich Aljoscha an. Ich hatte an diesem Morgen bemerkt, dass er mir vor seinem Sterben noch was sagen wollte. Jetzt nahm er allen Mut zusammen, versuchte die Lippen zu einem Satz zu formen, aber sein Mund blieb stumm. Er riss seine Augen weit auf, und man spürte ihm die Qual ab, wie sehr er litt. Er wandte seinen Blick nicht einen Moment lang von mir ab. Als ich ihm fest in die Augen sah, senkte er die Lider.
‚Mein Herr, wenn man nun den alten Mantel auf den Trödelmarkt bringt, was meinen Sie, wieviel Rubel würde man für ihn erhalten?'
‚Das kann ich dir nicht sagen. Vielleicht drei Rubel.'
Aber mir war bei dieser Antwort klar, dass ich gar

nichts für dieses lumpige Stück bekommen würde. Es war zerrissen, aus der Mode gekommen und praktisch unbrauchbar. Ja, man musste in Kauf nehmen, dass man noch ausgelacht würde, wenn man so ein Stück, das eigentlich in den Lumpensack gehört, auf dem Trödelmarkt feilbietet. Ich wollte meinem Freund dies nicht so offen ins Gesicht sagen, sondern wollte ihm Mut machen, und deshalb verfiel ich auf drei Rubel.

Aljoscha schwieg länger, wurde ganz ernst und bat mich:

‚Mein Herr, verkaufen Sie den Mantel, wenn ich gestorben bin. Ich brauche nicht darin beerdigt werden. Nehmen Sie den Mantel und finden Sie einen Kunden.'

Mir krampfte sich das Herz zusammen. Ich sah, wie er von Todesangst überfallen wurde. Es war still im Zimmer. Wir schwiegen beide. Immer wieder schaute er zu mir herüber. Aber wenn sich unsere Augen begegneten, dann senkte er seinen Blick.

Ich bot ihm einen Schluck Wasser an, den er gerne annahm. Er trank aus dem Glas und bedankte sich dafür.

‚Kann ich noch etwas für dich tun?', fragte ich besorgt.

‚Eigentlich nicht, aber das Dingsda ...'

‚Was meinst du damit?'

‚Nun, die Reithose. Ich habe sie damals doch gestohlen.'

‚Der Herrgott wird dir das verzeihen', versuchte ich ihn zu beruhigen. ‚Gehe hin in Frieden!'

Mir stockte der Atem, und die Tränen brachen aus

*meinen Augen. Ich musste mein Gesicht von ihm wegwenden. Noch einmal redete er mich an:
‚Mein Herr!'
Er wollte einen Satz hervorbringen und richtete sich dabei etwas auf. Die Röte stieg ihm ins Gesicht. Plötzlich erblasste er wieder, wird immer noch blasser und bricht in sich zusammen. Er wirft den Kopf zur Seite und befiehlt seine Seele Gott an."*

Eine weitere Biografie von Lotte Bormuth:

Mein Lied für Gott
Das Leben der Mahalia Jackson
Bestell-Nr. 77 808
ISBN 3-86122-423-2
108 Seiten, Taschenbuch

„Gospel-Musik ist nichts anderes als das Singen der Frohen Botschaft, das Verbreiten der guten Nachricht."

Dieses Motto stand über dem Leben der bekannten Sängerin Mahalia Jackson. Dieser Aspekt war es auch, der Lotte Bormuth dazu bewegte, sich näher mit der erfolgreichen Künstlerin zu beschäftigen. „Ziel ihres Lebens wie ihres Singens war es, auf ihre Weise das Evangelium zu verkündigen."

Lebensnah und bewegend läßt uns die Autorin hier eine große Künstlerin und einen bewundernswerten Menschen vor Augen lebendig werden.

FRANCKE
Verlag der Francke-Buchhandlung GmbH